新しい共立第二（わたしたち）が、始まっています。

新カリキュラム

主要五教科の先取り学習と、中高一貫教育の実施を柱とした新教育制度がスタート。

新校舎

旧大学キャンパスを全面リニューアル。
コンセプトは「光と風との親和」。

新制服

「ELLE」とコラボレーションした新制服。
タータンチェックの替えスカートなどのバリエーションも豊富。

JR 八王子駅南口からも
スクールバス運行開始！
（玄関前まで約 20 分）

◆学校説明会

11月 17日（木） 10：30〜（授業参観あり）
12月 10日（土） 14：00〜
1 月 15日（日） 9：30〜（入試体験 **要予約**）
3 月 24日（土） 時間未定

給付奨学金制度が始まりました
詳細は説明会等でご確認ください

※ **要予約** のイベントはホームページよりお申込みください。
※ご来校の際はスクールバスをご利用ください。

共立女子第二中学校

〒193-8666
東京都八王子市元八王子町1-710
TEL：042-661-9952（代表）
www.kyoritsu-wu.ac.jp/nichukou/
Email：k2kouhou@kyoritsu-wu.ac.jp

JR中央線・京王線「高尾駅」から徒歩 5 分の学園バスターミナルよりスクールバスで約 9 分。
JR「八王子駅」南口からスクールバスで約20分。（両経路とも無料）

早稲田アカデミー 中学受験を決めたその日から

サクセス12

今月号の表紙

サクセスホームページ
http://success.waseda-ac.net/

CONTENTS

将来の夢

日本近現代史の研究職に就き、自分をさらに高めたい

女子学院中学校・高等学校出身

手嶋亜希

Aki TESHIMA

-INTERVIEW-

小学校4年生から早稲田アカデミーの国分寺校に通い始める。※YT教室を活用しつつ、小6からは※NN志望校別対策コースのひとつ、NN女子学院クラスに通い、見事第一志望校の女子学院中学校合格を果たす。

今春、東京大学文科三類に合格し、現在は教養学部に在籍。将来の夢に向けて、日々努力を続けている。

講義選択は高校生の時に興味を抱いた日本近現代史を中心に

――東京大学を志望された理由を教えてください。

私は高校生の頃から日本史が好きだったので、大学に入ってから本格的に日本史を研究したいと考えていました。自分が研究したい分野が近現代史であったため、当時から政治・経済・文化の中心地であり、史料が比較的豊富に存在する東京大学が良いと考えていたんです。東京大学には、※加藤陽子教授などの著名な方もたくさんいらっしゃいますし、国立大学で、かつ総合大学なので、幅広い研究分野を扱っているという点から研究環境として大変優れていると思い、東京大学を志望しました。

――東京大学合格に向けて、一番効果的だったことは何ですか？

最後まで諦めずに粘り抜いたことだと思います。

大学受験のときは受験科目が多かったこともあり、一つの教科をじっくりと勉強する時間が中学受験のときほどは持てませんでした。成績も東大オープン模試でA・B判定が出ることはなかったぐらい、特別優れていたわけでもありませんでした。先生方から「現役生は最後まで伸びるからあきらめるな」と何度も言われましたが、正直、何度もその言葉を疑いたくなったほどです。でも、疑ったからといって合格できるわけではないので、勉強するしかなかったのですが、今では最後まで諦めずに勉強し続けたことが一番の要因だと思っています。

――高校時代は早稲田アカデミーの※サクセス18国分寺校に通われていたと聞いていますが。

はい。実は中学3年生から通っていました。雰囲気が明るく、授業に参加するとやる気が高まりました。辛い受験勉強の中でも、早稲田アカデミーの授業は毎週楽しみでしたね。特に数学の授業がとてもわかりやすく、ためになりました。

一番思い出に残っているのは、昨年末に実施された東大必勝講座の合宿です。夏期合宿には体調不良で参加できなかったため、この東大必勝合宿にかなりかけていました。合宿には、九州の予備校生も参加していて、首都圏以外にも優秀な受験生が必死に勉強していることを実感できたという点で、とても刺激を受けました。友人でこの合宿に参加した人はほとんどいなかったため、期間中は一人で過ごす時間が多かったんです。受験直前期で周囲のレベルも高く、憂うつな気分になることもありました。ただ、合宿での経験があったからこそ、受験会場で一人でも集中して試験に臨むことができる集中力を培うことができたのだと思います。

インタビューに答える手嶋さん

――現在、東京大学教養学部文科三類に在籍されていますが、どのような勉強をされていますか？

教養学部というくくりなので、何か専門の学部があって専門的な内容の勉強をしているというわけではなく、自分の好きな分野を選んで勉強しています。もともと大学に入学したら日本史を勉強しようと思っていたので、特に日本近現代史の講義を受講したり、あとは日本近現代史を学ぶにあたって必要となる知識、また、法律や経済などに関連した授業を受けたりしています。

――それは女子学院時代に日本史を教わった先生の影響が大きいのでしょうか？

小学生の頃は「行列ができる法律相談所」が好きで、よくテレビで見ていました。当時は、社会や理科が好きで、漠然と将来は弁護士になりたいと考え

※YT教室
現在の名称は土曜カリキュラムテスト（YT教室）。四谷大塚が主催するテストで、週ごとに学習した内容の定着度を確認することができる。習熟度によってコースが異なり、組分けテストによってコースが判別される。当時は難度の高い順にC→B→Aとなっていたが、現在はS→C→B→Aの4コース体制になっている。ただし、小4まではC・B・Aの3コース体制。

※NN
早稲田アカデミーの志望校別対策コース。その中に、NN女子学院クラスがある。女子学院中学校を第一志望とする生徒が一会場に集まり、切磋琢磨しながら合格を目指す。今春、早稲田アカデミーからは82名が女子学院中学合格を果たした。

※サクセス18
開成高校4年連続全国No.1、早慶附属高校11年連続全国No.1をはじめ、御三家中などにも全国屈指の合格実績を誇る早稲田アカデミーの大学受験部門。中高一貫校生も通塾することができる。東京大学の合格者数でも、5年前から取り組んできた「東大合格プロジェクト」によって合格実績を伸ばし、今春は昨年の2倍以上となる93名が合格。この驚くべき合格者数の伸びは、数ある東大受験専門塾の中でもNo.1となっている。

※加藤陽子
東京大学教授。歴史学者で、専門は日本近代史。2010年に『それでも日本人は「戦争」を選んだ』で小林秀雄賞を受賞。

ていたのですが、高校生の頃から日本史が好きになりました。初めの頃は理系科目も好きだったので、医学部に進学しようかなとも考えていましたが、医学部よりも学問として日本史を学ぶことに興味を持ち、大学では日本史の勉強をしたいと考えていました。高校時代に教えていただいた先生のように、自分の好きな学問を追究していきたいと思っています。

――いま勉強していることに女子学院で学んだことは生かせていますか？

十分に生かせていると思います。女子学院では、自分の意見を発言することを求められる機会が頻繁にありました。すぐ答えが出ないような議題だったりもするので、自分で考えるという機会がとても多かったように思います。自分で考えて、そのことを人前で発言できる力は、女子学院時代に身につけたものですね。

手嶋さんが作成した東大の合格者番号リスト

――今でも女子学院時代の友人と交流はありますか？

少なくとも月に一度は仲の良かった友達と新宿や高田馬場で集まることがあり、昼食や夕飯を一緒に食べながら近況報告をし合っています。

――中・高時代に熱中していたことは何ですか？

中2の頃はサッカー観戦に熱中していましたが、中3になるとインターネットに興味を持つようになりました。高校生になると日本史が好きになり、日本史関係の本を読みあさっていましたね。

――タイムマシンで小学生に戻れるとしたら、また女子学院中学を受験しますか？

はい、絶対に受験します。友人関係も含め、すごく貴重な体験ができたからです。

熱中できることを見つけて一生懸命頑張ることが自信につながる

――将来のため、大学時代にやってお

将来の夢
日本近現代史の研究職に就き、自分をさらに高めたい

過去から未来へ

誰もが10年後、20年後、そしてその先の未来、
なりたい自分を思い描く
そこに行くためにのエネルギーは、
過去から現在までの経験や出会い

小4から受験勉強を始め、
校風に憧れた女子学院中学校を目指そうと考えた。
日本近現代史の研究職に就き、自分をさらに高めたい。

小学生

3・4年生の頃は法律家になりたかった。
得意科目は社会と理科、苦手課目は国語。
4年生から早稲田アカデミーの国分寺校に通い始める。
受験科目や校風などから女子学院中学校を第一志望校に決める。
5年生から受験勉強に力を入れ、土日はYTとNNという生活。

塾内成績報

合格祈願のお守り

いた方が良いと思うこと、もしくはすでにしていることは何かありますか？

何でも良いとは思うのですが、何か自分が熱中できることを見つけて一生懸命に取り組むことだと思います。その結果がどうであれ、一生懸命努力したという事実自体が、後々自分に自信を与えてくれることにつながると思います。

――今、一番熱中していることは何ですか？

今は部活ですね。大学の応援部に所属しています。応援部のことは、2年前にNHKで放映された東京大学応援部のドキュメンタリーを見て、初めて知りました。最初見たとき、応援部は厳しくて怖いというイメージだったのでほとんど注目していませんでした。大学に入ってから、実際に体験入部をしてみたら、活発で雰囲気や居心地がとても良かったんです。また、東京六大学野球やスポーツ観戦にも元々興味があり、応援部の活動は大学でしかできないひとつの活動だと思ったので入部しました。

応援部といっても、私は吹奏楽部のように楽器を演奏して盛り上げています。トロンボーンを演奏しているのですが、準硬式野球のように楽器を演奏してはいけない試合のときは、吹奏楽を担当している人も声援に回ります。応援以外の活動としては、年に1回の定期演奏会があるので、そこに向けて練習をしています。練習は結構大変ですが、楽しいですし、充実しています。

――将来就きたい職業、そして、夢を教えてください。

2年生になったら文学部の日本史学研究室に行くことを考えているので、日本史系の研究員になりたいと思っています。特に日本近現代史に興味があるので、その研究職に就いて、自分をさらに高めたいと考えています。また、今は親に頼り切っているので、早く一人前になり、経済的な面も全て含めて早く自立したいですね。

東大駒場キャンパス

中学生

2005年4月女子学院中学校に入学。化学クラブに入部。
中2ではサッカー観戦に熱中する。
中3ではインターネットに興味を持つようになる。
中3から早稲田アカデミーサクセス18国分寺校に通う。

サクセス18で使用した教材

高校生

2008年4月女子学院高等学校に進学。
高1から日本史が好きになり、本をたくさん読む。

東大の受験票

大学生

東京大学教養学部文科三類に入学。
応援部の吹奏楽部に入部し、トロンボーンを担当する。
もし宝くじで3億円が当たったら…大学院の学費と生活費を引いて、残りは寄付をしたい。
日本史学科に進み、将来は日本近現代史の研究職に就きたい。

部活での演奏

東京六大学応援

中学受験

あの頃を振り返って

小4から始めた受験勉強
第一志望校だった女子学院中学校に見事合格できたのは、
NNJGクラスを始めとする早稲田アカデミーの先生方による
最高水準の授業と母親をはじめとする家族のサポートがあったから。
周囲への感謝を忘れてはいけないと、今、心から思う。

小4から早稲田アカデミーへ 小5から本格的な受験勉強

早稲田アカデミーの国分寺校には小4の10月から通い始めました。小3～小4までは法律家になりたいと考えていて、社会や理科が好きでした。

早稲田アカデミーに通い始めたころは、勉強に追いつくことで精一杯でした。小5になって勉強が本格化してから、受験勉強に対して真剣に取り組み始め、通常授業以外にもYT教室を受講するようになりました。YT教室は、結果を見て苦手な単元と得意な単元が顕著にわかるので、すごく役に立ちました。算数は得意な単元と苦手な単元があって、点数に波はありましたが、悪くても偏差値60を下回ることはなかったと記憶しています。

苦手科目は国語 結果を信じて努力し続ける

常に成績が安定していた科目は理科・社会で、苦手科目は国語でした。苦手だった国語は、勉強すれば必ず結果が出ると信じて頑張っていました。特に文章読解がすごく苦手だったので、何度も先生に添削していただくことで、成績も上がっていきました。それでも、苦手な文章題で他の受験生に差をつけられてしまう可能性があったので、自分でも知識問題では絶対に点数を落とさないように、しっかりと復習することを心がけました。早稲田アカデミーの先生方は、いつも熱心にサ

NNJG卒業生が推薦！ あの頃、私が読んでいた本

現在、東京大学に在籍し、
日本近現代史の研究職に就き、
自分をさらに高めたいという手嶋さん。
これまでどのような本と出合い、影響を受けたのだろうか。
手嶋さんが感銘を受けた本の中から、
今回はおススメの4冊をご紹介します。

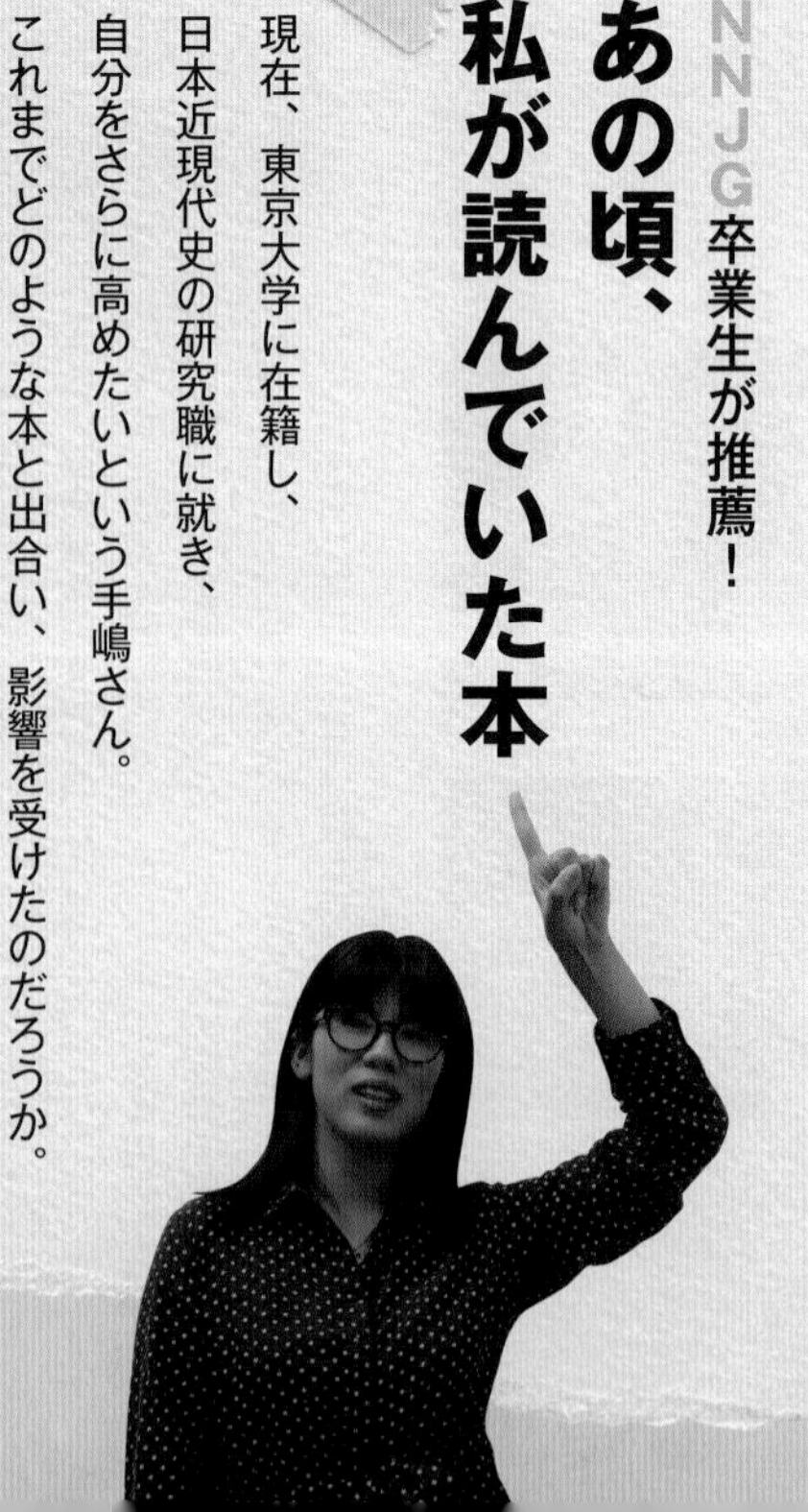

中学生の頃に読んだ本

ペギー・スー i 魔法の瞳をもつ少女

著者：セルジュ・ブリュソロ
訳者：金子ゆき子
価格：580円（税込）
発行元：角川書店

14歳のペギー・スーは、魔法の瞳でお化けを退治する。その謎は誰もを知らない。家族も、友達も。そんな一匹狼の少女が健気にはちゃめちゃに、涙しながら活躍する数々の冒険談。第一弾は、可愛い（？）相棒の登場！迫力漫才の大人気ファンタジー・シリーズ。

小学生の頃に読んだ本

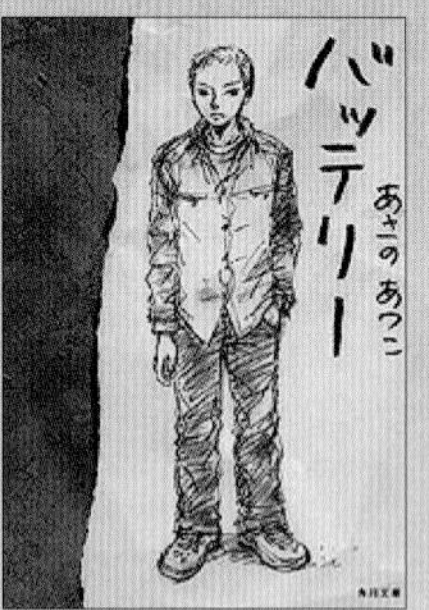

バッテリー

著者：あさのあつこ
価格：540円（税込）
発行元：角川書店

中学入学を目前に控えた春休み、父の転勤で岡山の県境の街に引っ越してきた巧。ピッチャーとしての自分の才能を信じ、ストイックなまでにセルフトレーニングに励む巧の前に同級生の豪が現れ、バッテリーを組むが…。

ポートしてくれましたね。

感謝の気持ちを忘れず勉強に取り組むことができた

女子学院中学は受験科目全てが均等配点で、そのことが私にとっては有利にはたらいたと思います。理科・社会の配点が低いと、苦手だった国語の配点が高くなるので、厳しい部分がありました。女子学院中学は4教科すべて100点満点なので、ひとつの教科で多少ミスがあっても、残りの3教科でカバーできたことが大きかったと思います。

合格に向けて一番心がけたことは、周囲の環境に感謝することです。父親が働いてくれていなければ、私立中学校を受験できなかったですし、母親のサポートがなければ、勉強を続けることもできなかったです。そして、早稲田アカデミーの先生方が応援してくれていなければ、ここまで集中して勉強に取り組めるようにはならなかったと思っています。

受験を終え、改めて両親に感謝していることは、受験の時に支えてくれたことはもちろんですが、中学受験を経験させてくれたこと、そして、女子学院という学校を見つけてくれたことです。周囲のサポートがあってこそ、ここまで頑張ることができたんだと思います。

受験生のみなさんに伝えたいことは、周囲の環境に感謝すること、合格を信じて最後まで一生懸命頑張ること、頑張っている自分をプラスに捉えられるようになることが大事だということです。

中学・高校生活を存分に楽しむことができるように、みなさん、受験勉強をがんばってください。

大学生時代に読んだ本

生きるヒント

著者：五木寛之
価格：420円（税込）
発行元：角川書店

「悲しいではないか」かつて明治の青年たちは、顔を合わせるとこう挨拶したという。「悲しいではないか」、悲しみを知っている人間だけが、本当の喜びを知ることができる。「歓ぶ」「悲む」「笑う」「飾る」「占う」「買う」「歌う」「想う」—。日々の感情の起伏の中にこそ生きる真実がひそんでいます。常に時代を予感し、人の「心と体」について深く洞察する、日本を代表する作家からあなたへ、元気と勇気が出るメッセージ。

高校生の頃に読んだ本

ガラスの地球を救え 二十一世紀の君たちへ

著者：手塚治虫
価格：460円（税込）
発行元：光文社／知恵の森文庫

「なんとしてでも、地球を死の惑星にはしたくない。未来に向かって、地球上のすべての生物との共存をめざし、むしろこれからが、人類のほんとうの“あけぼの”なのかもしれないとも思うのです」（本文より）
幼少の思い出から、自らのマンガ、そして未来の子供たちへの想いまで。1989年、他界した天才マンガ家・手塚治虫、最後のメッセージ。

何でもベスト3スリー

～渋谷教育学園渋谷中学校～

617人のアンケートからわかった「在校生」のホンネ！

渋谷教育学園渋谷中学校

現在、渋谷教育学園渋谷中学校に通うみなさんからのアンケート結果を発表します。
最新設備の整った、とてもキレイな校舎だったよ。

実際に渋谷教育学園渋谷中学校に通う「在校生」のホンネを探るために、高際副校長先生のご協力を得て、『何でもベスト3』のアンケートを実施しました。
渋谷教育学園渋谷中学校に通う生徒617人から回答を得ることが出来ました。

① 1日の平均学習時間を教えてください。

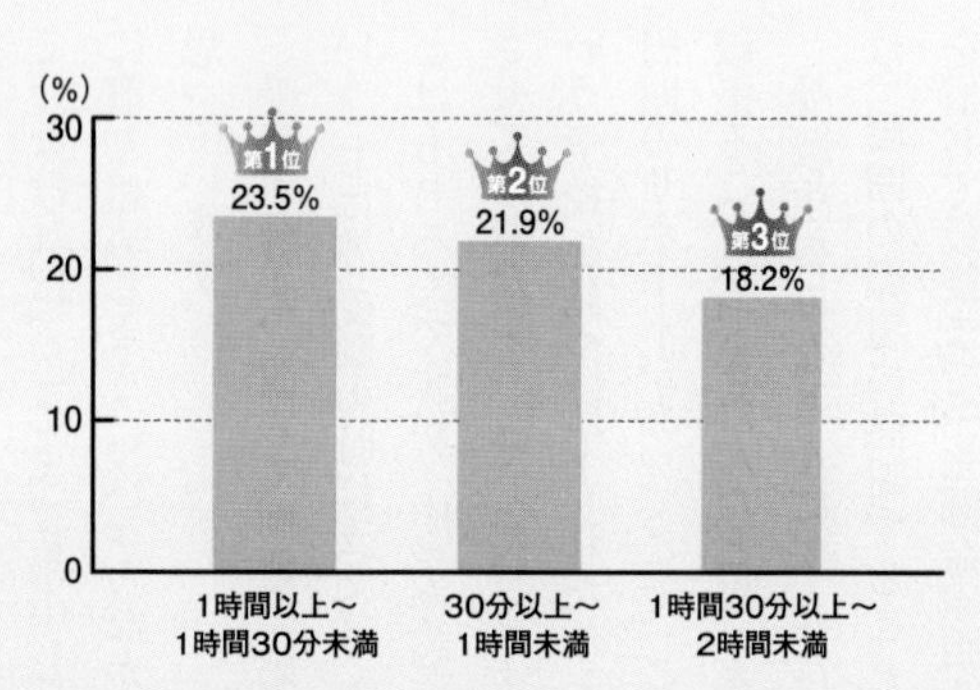

30分以上～2時間未満の範囲に約65%の生徒が集中しました。2時間以上という生徒は30%を超えています。勉強熱心な姿勢がうかがえますね。

② 一番楽しみな、もしくは、楽しかったイベントを教えてください。また、その理由も教えてください。

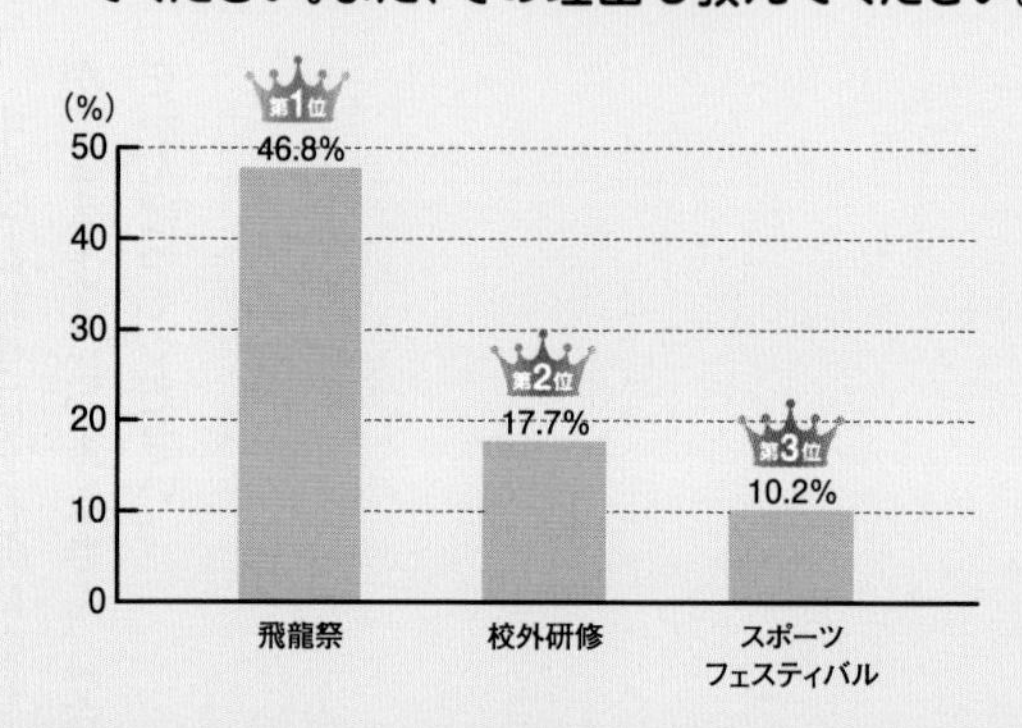

第1位は渋谷教育学園渋谷中学校の文化祭である飛龍祭。約半数の生徒が選び、圧倒的な人気でした。クラスが一つにまとまる大イベントで、一般の方も多数参加されるそうです。第2位には校外研修が続きます。

③ 校内で一番自慢できる施設を教えてください。また、その理由も教えてください。

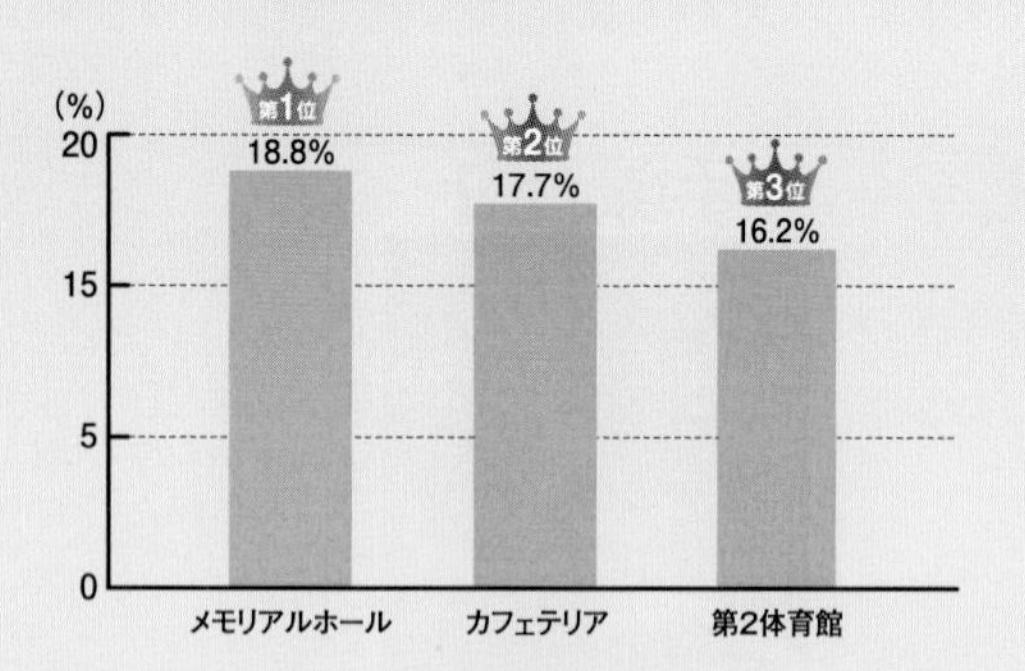

僅差でしたが、メモリアルホールが第1位。次にカフェテリア、第2体育館と続きます。メモリアルホールは、涼しくて椅子が映画館のようにふかふかなんだとか。その他にも最新の設備が整い、とてもキレイな校舎でした。

映画館のような椅子が大人気のメモリアルホール

図書館には英字図書も多く置かれているんだって。

本校の生徒は、活発な女子が多く、男子が落ち着いている印象があります。
イベントでは、女子はスピーチが好きで、男子はディベートを好む傾向がありますね。
友達の体調が悪い時などは、荷物を持ってくれたりする優しい生徒が多いんですよ。

高際副校長先生

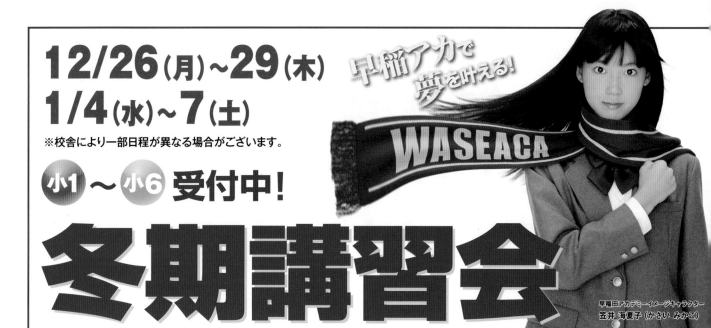

早稲田アカデミーNN開成クラス
理科担当の阿久津豊先生が教える

アクティ&おかポンがキッコーマンもの知りしょうゆ館に行ってきました!

キッコーマン もの知りしょうゆ館 外観

画像提供:キッコーマン株式会社

私たちの食生活に欠かせない「しょうゆ」。今や世界各国の料理で使われている調味料の一つです。
しょうゆが多くの人に広まったのは、江戸時代の中ごろと言われています。以来、しょうゆ作りの基本は、それほど変化はありません。
今回は、しょうゆの伝統的な製造方法をしっかりと守りながらも、最新の技術を用いたしょうゆ作りの様子が見学できる「キッコーマンもの知りしょうゆ館」に行ってきました。

世界の発酵調味料について

人々は食べ物を長期間保存させるために、塩に漬けて保存をする方法を古くから実践しきました。特に腐りやすい肉類や魚介類、野菜類を保存するために行われ、冷蔵庫が普及するまで世界各国で行われていました。

食べ物を長時間塩漬けにしておくと、その食べ物が独特の「旨み」を持つことがわかりました。これが食べ物を発酵、熟成させるきっかけとなりました。

「しょうゆ」は大豆、小麦を発酵させることで作る調味料です。しょうゆの起源となったのは、中国の「ひしお(漢字で書くと「醤」)」といわれています。ひしおは日本の縄文時代や弥生時代と呼ばれる時代から、調味料として使われていたそうです。

日本では「しょうゆ」や「みそ」などが食べ物を発酵させて作る代表的な調味料ですが、世界各地にもさまざまな発酵調味料があります。

タイで作られている「ナンプラ」や、ベトナムの「ニョクマム」といったものは、「魚醤類」、つまり魚を塩につけこんで、発酵させて作る調味料です。大豆や穀物類を塩に漬け込んで作る「穀醤類」は、味噌や醤油に代表され、アジアの国々で古くから愛用されてきています。

古代ローマ帝国でも、貴重な食材として「ガルム」や「リクアメン」と呼ばれる魚醤が作られていました。特に発酵したもので最初にろ過した一番しぼりのガルムは大変高価なものとされていました。

ちなみに「しょうゆ」の「醤」という字は、中国語で「ジャン」と読むんだ。中華料理に使う豆板醤(トウバンジャン)は、唐辛子やそら豆を原料として作っているんだよ。

キッコーマンについて

1917年(大正7年)に、現在の千葉県野田市でしょうゆを作っていた醸造家たちが合同で「野田醤油株式会社」を設立し、1980年に「キッコーマン株式会社」と社名を改めて、今日に至ります。一番古い醸造家は今から350年も前にしょうゆ作りを始めたそうです。

国内には野田工場の他に、兵庫県高砂市、北海道の千歳市に3工場あり、海外に7ヶ所の工場を持つ、しょうゆ作りのトップブランドとなっています。

もともと野田市は、しょうゆを作るのに適した場所だったんだって。原料となる大豆や小麦、食塩が手に入れやすいことや、できたしょうゆを船で運ぶことができたんだ。

キッコーマン」という名前は、亀の甲羅を表す「亀甲」からとっているんだ。ちなみに「キッコーマン」の「マン」は「つるは千年、亀は万年」の「万」という字の古い書体「萬」からとっているんだよ。

世界中で販売されているキッコーマンのしょうゆ

キッコーマン もの知りしょうゆ館の紹介

もの知りしょうゆ館では、しょうゆの製造工程を映像や展示で紹介しています。「しょうゆこうじ」を作っている様子や、「もろみ」の変化を観察することができます。しょうゆの色・味・香りを体験しながら、しょうゆの製造について、楽しみながら学習することができる施設です。

この量と比率はキッコーマンの創業当時からほとんど変わっていないんだって。

1本分の原料

1リットルのしょうゆを作るために使われる大豆、小麦、食塩の量が展示されています。

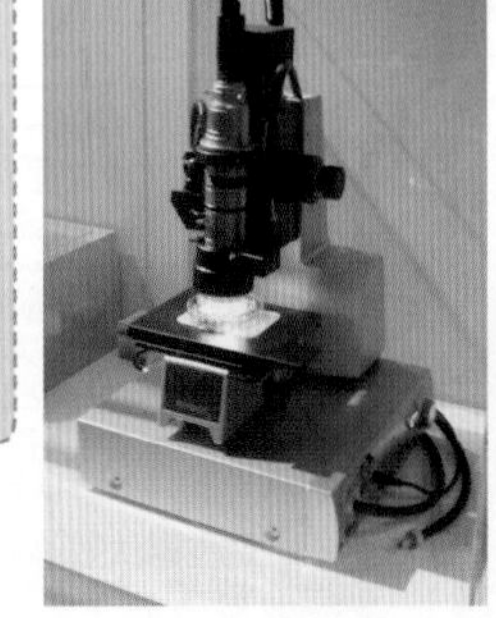

顕微鏡

最大1000倍に拡大することのできる顕微鏡で、しょうゆを作るのに欠かせないしょうゆこうじを、観察することができます。

しょうゆは食べ物を「微生物」の働きによって発酵させて作られていることを、みんな知っているかな。牛乳やチーズ、ヨーグルトなども発酵作用を利用して作られているんだよ。

ビデオ上映

15分ほどのビデオを見て、しょうゆの歴史や製造工程などを学びます。

しょうゆができるまで

製麹室（せいきくしつ）で作られたしょうゆこうじに食塩水を混ぜて、「もろみ」を作ります。もろみは屋外にある大型のタンクに移し、数ヶ月間寝かせて発酵、熟成させます。キッコーマン野田工場には、約600基ものタンクがあります。

もろみ初期・もろみ熟成期

仕込み直後のもろみは淡い色なんだけど、数ヶ月たつと、赤みを帯びてくるんだよ。これは微生物の働きによって、しょうゆの色、味、香りの成分が作られている証なんだ。

仕込みタンクの内側

実際に仕込みタンクの内側にあるもろみを、熟成時間ごとに展示しています。

屋外のタンクにはもろみが入っていて、一番大きなもので、1リットルのしょうゆ33万本分になるんだって。

画像提供:キッコーマン株式会社

熟成

製麹室（せいきくしつ）

ここでは大豆と小麦に種こうじを混ぜ合わせ、しょうゆこうじを作っています。

この部屋にあるしょうゆこうじで、1リットルのしょうゆ11万本分を作ることができるんだって。

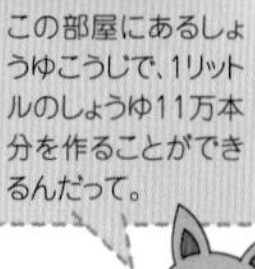

圧搾

画像提供:キッコーマン株式会社

圧搾（あっさく）の様子

発酵、熟成の終わったもろみを幅3m、長さ2800mの「ろ布」と呼ばれる布に包みます。しょうゆはもろみの重さを利用して搾ったあと、圧搾機でプレスして搾り出します。

ろ布はおよそ3階建ての建物の高さにまで折り重ねていくんだって。

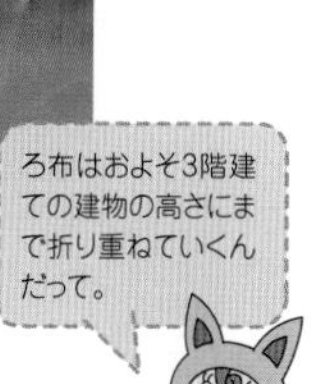

充填

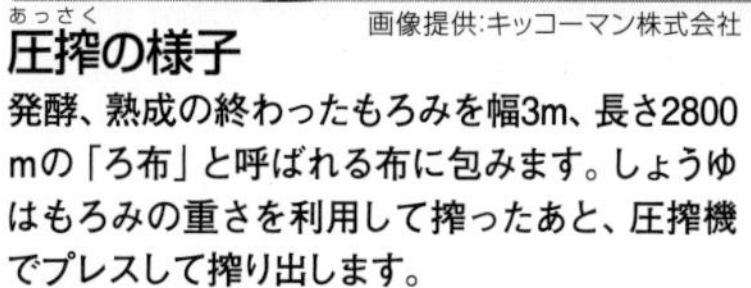

充填（じゅうてん）の様子

しょうゆをペットボトルに入れる様子を映像で見ることができます。1分間に300本分詰めることができます。

まめカフェ

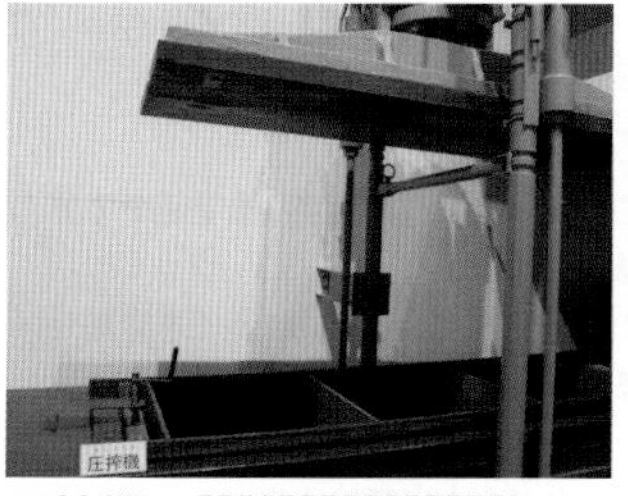

画像提供:キッコーマン株式会社

「まめカフェ」では、しょうゆの味比べや、しょうゆソフトクリーム、自分でせんべいを焼く「せんべい焼き体験」も楽しめるんだ。

御用蔵

江戸川沿いにあったしょうゆの蔵を、「もの知りしょうゆ館」の隣に移築したのが「御用蔵」です。昔ながらのしょうゆ作りを学ぶことができます。

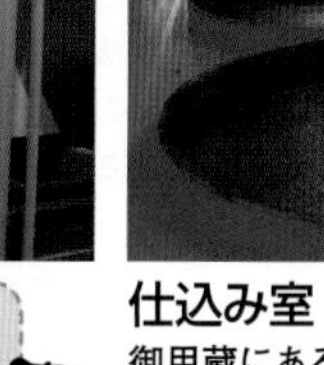

圧搾機

もろみを敷き詰め、ろ布を折りたたむ作業を手作業で行っていたんだ。

仕込み室

御用蔵にある仕込み室では、来年に出荷予定のしょうゆのもろみが作られています。

内観

機械化が進む前にしょうゆ作りで使われていた道具が、数多く展示されています。

もの知りしょうゆ館の見学についてご案内します。

所在地…………千葉県野田市野田110
最寄駅等………東武野田線「野田市駅」より徒歩3分
受付……………9:00～16:00
見学料…………無料
申し込み方法 …お電話にて申し込み
連絡先…………TEL.04-7123-5136
HP ……………http://www.kikkoman.co.jp/enjoys/factory/noda.html

キッコーマンの製品はもちろん、工場のある野田市の郷土品などが販売されているんだ。

しょうゆづくり体験

ビデオ上映と製造工程見学とは別に、実際に原料を使って、しょうゆ作りを体験できます。詳細は、HP(http://www.kikkoman.co.jp/corporate/life/shokuiku/activity/factory.html)もご確認ください。

対象・・・小学生を含む10名以上の団体
内容・・・実際に原料を使った、しょうゆ作りを体験する
日程・申し込み方法・・・TEL:04-7123-5136(休館日を除く9時～16時)

画像提供:キッコーマン株式会社

早稲田アカデミー
石神井公園校に通う
阿部実咲さんとお母様に
直撃インタビュー

クラスのアイドル弁当

我が家のお弁当自慢

お花畑弁当

ママ：貴子さん　お子さま：実咲さん

お母様

お弁当作りで特に気を配られていることは何ですか？

食材を増やすことで、栄養バランスを優先に考えています。また、おかずを食べやすい大きさにするように心がけています。

お子様から何か要望が出たりするのですか？

おかずのリクエストはよくありますね。特にお肉、から揚げなどはお友達と交換するのか、「たくさん入れて」とよく言われます。

実咲さん

今日のお弁当で一番好きなおかずは何ですか？

しめじ入り豆腐ハンバーグです。

友だちの反応はどうですか？

おいしそうと言われることが多いですが、飾りがある時は「カワイイね」と言われるので、とてもうれしいです。

友だちとおかずを交換してと言われたら、どうしますか？

もったいないけど、しめじ入り豆腐ハンバーグと交換します。

今日のお弁当は何点ですか？

美味しいし、飾りもきれいなので、100万点です。

ここが OnePoint!!
豆腐は、乾燥したパン粉を使うと、水切りしなくても大丈夫です。

ここが OnePoint!!
飾り野菜を、美味しく食べるために、塩ゆでしたものを使います。野菜の焼きすぎを防ぎ、時間短縮にもなります。

材料（一人分）

Ⓐ玉こんにゃく

玉こんにゃく…適量
しょうゆ…大さじ3
みりん…大さじ1
砂糖…大さじ½
酒…少量

Ⓑピーマンとエリンギとベーコンの炒め物

ピーマン…1個
エリンギ…⅓個
ベーコン…1枚
鰹節…適量

Ⓒさといものチーズ焼き

さといも…1〜2個
にんじん…適量
ブロッコリー…適量
オクラ…適量
牛乳…大さじ1
ピザ用チーズ…適量
塩・こしょう…適量

Ⓓしめじ入り豆腐ハンバーグ

あいびき肉…80ｇ
もめん豆腐…¼丁
玉ねぎ…小½個
しめじ…20ｇ
卵…½個
塩…小さじ１
ガラムマサラ…小さじ½（お好みで）
パン粉…適量

Ⓔ豆ごはん

ごはん…茶わん1杯
ミックスベジタブル…適量
いんげん…適量
煮豆…適量

パンを焼くことが趣味というお母様。
お弁当や軽食にパンをもたせることも。

作り方（調理時間約30〜40分）

Ⓐ玉こんにゃく

① 玉こんにゃくは、沸騰するまで茹でてアク抜きをする。
② 鍋の水を捨てて、玉こんにゃくを空煎りする。
③ しょうゆ、みりん、砂糖、酒を入れ、汁をからめながら中火で炒める。
④ 汁がなくなったら、火を止め、つまようじを刺して入れる。

Ⓑピーマンとエリンギとベーコンの炒め物

① 全て千切りにする。
② ごま油で軽く炒め、しょうゆで味付け。
③ 最後にかつおぶしをからめる。

Ⓒさといものチーズ焼き

① 塩ゆでしたさといもをつぶし、塩、こしょう、牛乳で混ぜる（焼くと水分が少なくなるので、いもをゆるめるための牛乳です）。
② アルミカップに入れて、ピザ用チーズを乗せる。
③ オーブントースターで1〜2分温める。
④ チーズがとけたら、飾り用の野菜をのせ、再度オーブントースターで温め、焼き色がついたら出来上がりです。

Ⓓしめじ入り豆腐ハンバーグ

① みじん切りにした玉ねぎとしめじを、油をひいたフライパンで炒める。
② 豆腐、豚ひき肉、①を加え、卵を割り入れ、塩とお好みでガラムマサラをふる（ガラムマサラを入れると、コクが出て美味しくなります）。
③ よくねる。
④ お弁当サイズの一口大に形をまとめる。

Ⓔ豆ごはん

① ごはんに飾る野菜は、軽く塩茹でします。
② ミックスベジタブルと、いんげんと、煮豆などを入れる。お弁当を持ち運ぶ時に飾りが崩れることを防ぐため、ごはんに具材を埋め込むようにする。

食べ終わったお弁当箱は必ず自分で洗います。

冷凍食品でプロデュース

忙しいママ必見！

クラスのアイドル弁当

毎日のお弁当を考えるのは大変ですよね。

「おかずのレパートリーを増やしたい」「時間を節約したい」「かわいいお弁当をつくりたい」と悩んでいる人も多いはず。

そこで、冷凍食品に一手間かけるだけの簡単でおいしいレシピをご紹介します。

これでクラスみんなの注目をあびることまちがいなし！

ライオンのり巻き弁当

Ⓐ ライオンののり巻き

Ⓒ ナムル

Ⓑ ピンチョス風とんかつ

材料（1人分）

こだわり三元豚のとんかつ…2個
ご飯…150g
のり…1/2枚
のり（ライオンの顔用）…適量
A
- 卵…1個
- 塩…適量
- 片栗粉…小さじ1/2
- 水…小さじ1

にんじん（スライスしたもの）…2枚
塩…適量
パプリカ（赤）… 1/4個
ズッキーニ…5cm分
「AJINOMOTO® ごま油好きのごま油」… 適量

こだわり三元豚のとんかつ

作り方（調理時間約20分）

Ⓐライオンののり巻き

① 巻きすにのりをのせてご飯をのせ、軽く塩をふり、端から巻く。これを4等分に切る。
② Aを混ぜ、卵焼き器に半量流し、両面を焼いて薄焼き卵を作る。これを2枚作る。
③ ②を端から巻き、包丁で切り込みを入れ、ライオンのたてがみを作る。
④ ①ののり巻きに③を巻きつけ、のりで顔を作る。…Ⓐ

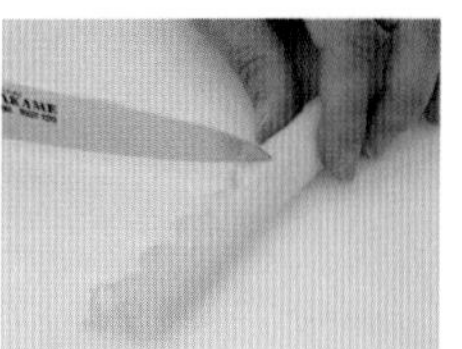
薄焼き卵に切り込みを入れ、ライオンのたてがみを作る。

Ⓑピンチョス風とんかつ

① にんじんはピーラーで薄切りにし、塩をふって、しんなりさせる。
② 「こだわり三元豚のとんかつ」を表示通り温め、①で包みピックで刺す。…Ⓑ

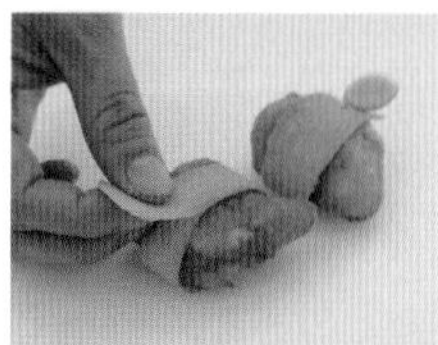
「こだわり三元豚のとんかつ」をにんじんで包み、ピックで刺す。

Ⓒナムル

パプリカ（赤）とズッキーニは「AJINOMOTO®ごま油好きのごま油」と塩をふってグリルで焼き、食べやすい大きさに切る。…Ⓒ

お弁当箱に詰める

お弁当箱にⒶ、Ⓑ、Ⓒをきれいに盛り付ける。

*のり巻きは2段にし、上段のみ、のりでライオンの顔を作っています。

お仕事見聞録

「働く」とは、どういうことだろう…。さまざまな分野で活躍している先輩方が、なぜその道を選んだのか?仕事へのこだわり、やりがい、そして、その先の夢について話してもらいました。きっとその中に、君たちの未来へのヒントが隠されているはずです。

PROFILE

2003年4月、東京大学文科三類に入学し、2007年3月に文学部を卒業。同年4月にセントラルスポーツ株式会社に入社し、セントラルフィットネスクラブ錦糸町店に配属される。その後、2009年5月オープンのセントラルウェルネスクラブ我孫子店のオープニングスタッフとして異動。2011年8月からは同店にてアシスタントチーフに就任、現在に至る。

セントラルスポーツ株式会社
セントラルウェルネスクラブ
我孫子店アシスタントチーフ

インストラクター

引地雄介さん

—インストラクターの仕事

乳児からご年配の方まで、いろいろな年齢層におけるお客さまの健康づくりをサポートすることがインストラクターの仕事です。

具体的には、スイミングであれば泳ぎ方を教えたり、長く泳ぎ続けるための正しいフォームをアドバイスします。また、マシンを使った筋力強化からストレッチ、年齢と共に衰えてくる運動機能を筋肉で補うための筋力トレーニング、ダイエットしたい女性向けの運動や食事についての指導も行っています。

—この職業を選んだきっかけ

学生時代に、セントラルスポーツの子ども向けスイミングスクールで、インストラクターのアルバイトをしていました。小さな子どもに教えることはとても難しかったのですが、習い始めたときは水が怖いと泣いていた3歳児が、1年後には泳げるようになる—。そんな子どもの成長を見ることが楽しくなり、そのことにやりがいを感じるようになりました。

ただ、最初からインストラクターになるつもりはなく、いろいろな企業に対して、就職活動をしていました。しかし、いざ就職先を選ぼうとしたとき、「任される業務が本当に自分のやりたい仕事かどうかわからないな」と、考え始めました。もしかすると、考えていた仕事とは全く異なる可能性もあります。そう思ったときに気付いたのが、セントラルスポーツで子どもたちを教えることのやりがいと楽しさでした。

そして、改めて生涯の仕事としてセントラルスポーツで子どもたちに指導できるかどうかを考えたとき、私はその仕事に誇りを感じました。その後は、何の迷いもなく、セントラルスポーツに就職することだけを考えました。

―どんな生徒でしたか？

身体を動かすことが大好きで、小学生の頃は友だちとドッジボールや鬼ごっこなどをして走り回っていました。

その一方で、母が読書好きということもあり、家にたくさん本があったので、いろいろな小説も読みました。特に覚えているのが、小学校5年生のときに読んだフョードル・ドストエフスキーの「罪と罰」です。登場人物の本名と会話に出てくる愛称が同じ人物を指していることに全く気付かず、そのまま100ページくらい読んでいて、「あれ？もしかして同一人物？」と気付き、また読み返す…。内容がおもしろかったから覚えているわけではなく、今では苦労して読んだという思い出になっています。

引地さんが働くセントラルウェルネスクラブ我孫子

―学生時代にやるべきこと

小学生から高校生にかけてはもちろん勉強も大切ですが、友だちとの時間も大切にしてほしいと思います。周りの人と協調しながら何かに取り組む―。このコミュニケーション能力は、小さな子どもの頃から大学時代までの間にしか育めないと思うからです。

勉強面については、基礎力を身につけることです。私の高校時代の成績は下から数えた方が早いくらいだったのですが、現役での大学受験を失敗した後、浪人中の一年は基礎を見直そうと思い、全教科の教科書を読み返しました。すると、丸暗記するしかないと思っていた数学の公式も、そのことを理解しようと思いながら教科書を読むと「なぜ、その公式が導き出されたのか」など、すべてが教科書に載っていたのです。そのことに気づいた私は、結果だけを覚える勉強から、「なぜ、そうなるのか」ということに重点を置きながら勉強しました。すると、現役時代には解き方もわからなかった応用問題も基礎を組み合わせたものだということがわかり、どれも簡単に思えるようになったのです。ぜひ、基礎をしっかりと身につけ、その後で応用力を磨く習慣をつけるようにしてほしいと思います。

―この仕事に必要な資質

一番重要な資質は、他者と関わるのが好きなことです。人と関わりを持ちたくない、子どもが嫌いな人には向いていないと思います。その理由は、インストラクターがお客さまの健康づくりをサポートしようと思えば、一般的な会話ができるだけでなく、そこから一段掘り下げた、日常生活のことまで聞き出せなければなりません。というのも、何気ない会話ができるからこそ、そのなかで「その行動は膝に悪い」など、改善やサポートすべき点が見えてくるからです。

そして、常日頃から健康に関するあらゆる知識や技術を身につけようとする意欲と努力が必要です。泳ぎ方ひとつにしても、まずは自分ができるようになり、それを理論的に説明できて初めて、お客さまに教えることができるのです。1教えるために10を知ろうとする気持ち、これは欠かせない資質だと思います。

―うれしかったこと

運動というものは、お客さまができるよ

お客様の健康づくりを行うマシンジムにて

SCHEDULE

引地さんのある一日のスケジュール

12:00	出社
12:30	成人レッスン（水泳）
13:50	着替え&次のレッスン準備
14:20	成人レッスン（スタジオ）
15:00	片付け
15:30	スイミングスクール指導
19:00	片付け&ミーティング 事務処理&食事休憩
20:15	成人レッスン（水泳）
21:30	着替えて業務終了
22:00	自分のトレーニング
24:00	帰宅
01:00	入浴など家でゆっくり
02:30	就寝
―	
11:00	起床

うになるまで継続して努力されるからこそできるようになります。言い換えれば、ご本人のやる気がなければ、どんなに我々インストラクターがサポートしても、声をかけてもできるようにならないのです。それにもかかわらず、「先生のおかげです」と感謝してもらえる—。これほどうれしいことはありませんね。

—辛かったこと

我々インストラクターは、お客さまの健康づくりをサポートするために、一生懸命に取り組んでいます。ご本人が努力されたかいあって、体力的にも自信が持てるようになられた、健康になられた—、と喜んでいた矢先、事故や遺伝的な病気で亡くなられてしまったことがありました。そんなとき、運命には逆らえない無力さを感じてしまいます。

—仕事上で気をつけていること

いつも笑顔でいること、元気な大きな声で挨拶をすること、そして、どんなときでも、どのお客さまに対しても同じように接することです。

もちろん、我々インストラクターも悲しい出来事に遭遇したり、個人的なことから気持ちが落ち込んだりすることもあります。しかし、お客さまに元気になっていただくことが我々の仕事ですから、事務所から一歩出た瞬間に笑顔と元気を忘れない、このことに一番気をつけています。

インタビューに答える引地さん

—尊敬している人は?

入社後すぐに働いていた錦糸町店のチーフと私の教育係に就いていただいた先輩のお二方です。現在は一緒に仕事をしていませんが、仕事の基本とインストラクターとしてあるべき姿勢、また、お客さまや仲間とのコミュニケーションの大切さを教えていただきました。

たとえば、チーフには、会社全体を考慮しながらも"お客さま第一"に考える姿勢を教えていただきました。お客さまが喜ばれるかどうかを判断基準におけば、利益は後から付いてくることが理解できたのもチーフのおかげです。また、教育係だった先輩からはコミュニケーションの大切さについて教えていただきました。その教えがあったからこそ、お客さまと信頼関係を築くということがいかに大切であるかを知ることができました。

—今後の目標

これまではインストラクター業に重点を置いてきましたが、今夏、主任（アシスタントチーフインストラクター）に昇格したので、我孫子店を運営する側に立ち、後輩インストラクターやアシスタント（アルバイト）たちの育成にも力を注ぎたいと思います。

そして、全体的にレベルアップすることで、お客さまにとってより良いスポーツクラブを運営できればと考えています。

—仕事の魅力について

懸命にサポートした人がこれまでできなかったことができるようになる、その瞬間に立ち会えたときの喜びは最高です。その喜びを常に感じることができるのが、一番の魅力です。

—子どもたちに向けてのアドバイス

小さな子どもには、将来へと続く道が無数にあります。でも、高校、大学へと進学していくと、「自分は何者なのか」「どんな職業に就きたいのか」ということが少しずつわかりはじめ、無数にある道のなかから自然と自分にあった道をひとつ選び、歩いていくことになります。

—仕事とは

ところが、人によっては、子どもの頃には無数にあったはずの道が、選ぶときにはわずかしか残っていない場合もあります。それは悲しいことです。就職を考えたとき、「この仕事しかできない」ではなく、「この仕事にしたい」であってほしい。将来、いろいろな可能性のなかから進みたい道を選ぶためにも、小学生の頃からしっかりと勉強し、勉強と同じくらいしっかりと遊んで、無数にある道の中から自分にあった一本の道を選べる大人へと成長してほしいと思います。

『サクセス12』では、様々な分野でご活躍されている方を紹介しております。ご協力いただくことが可能な方は、下記のメールアドレスまでご連絡ください。お待ちしております。

メール:
success12@shahyo.com

Premium school

FERRIS GIRLS' JUNIOR HIGH SCHOOL

フェリス女学院中学校

神奈川／横浜市／女子校

キリスト教信仰を基盤に学問の神髄を求める教育

1870年（明治3年）に創立され、すでに140年の歴史を積み重ねてきたフェリス女学院。時代が変遷するなかにおいても一貫してキリスト教に基づく教育を堅持し続け、我が国の女子教育の先鞭として、「学問の尊重」と「まことの自由の追求」という目的を掲げ教育活動を展開してきました。その結果として、多くの逸材を社会に輩出するとともに、保護者から熱い支持を受けている完全中高一貫校です。

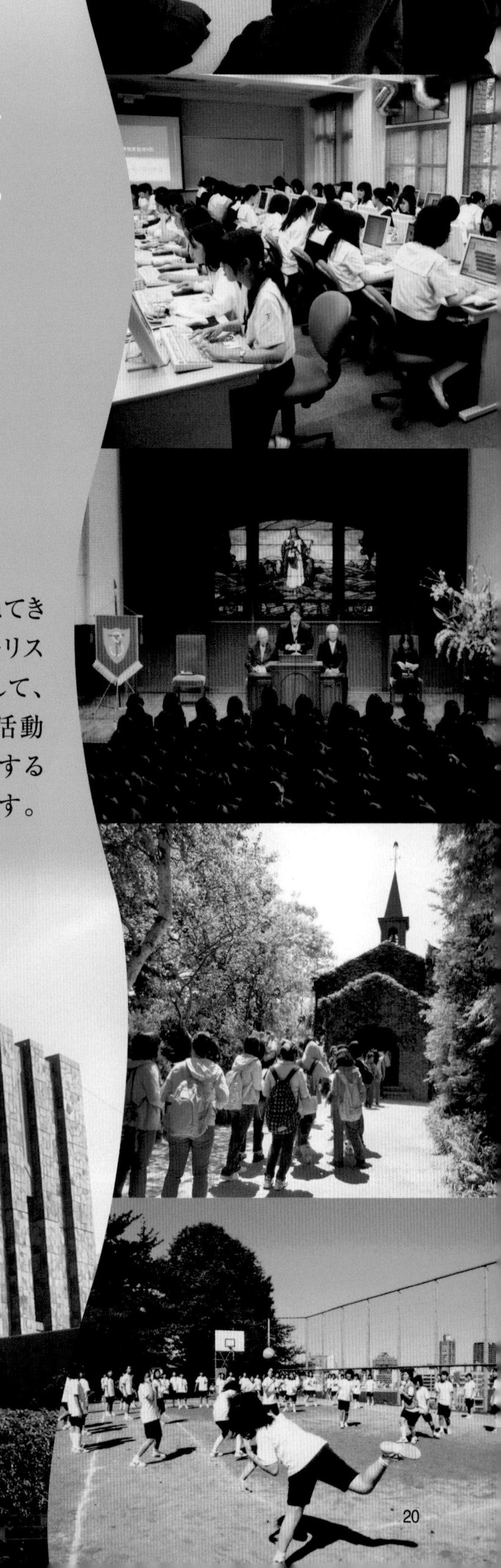

FERRIS GIRLS'
JUNIOR HIGH SCHOOL

フェリス女学院中学校
所在地：神奈川県横浜市中区山手町178
交　通：JR根岸線「石川町」徒歩7分、
みなとみらい線「元町・中華街」徒歩10分
生徒数：女子のみ540名
電　話：045-641-0242
URL：http://www.ferris.ed.jp/

昼休みの中庭

合唱コンクール

キリスト教の信仰に基づく教育を実践

JR根岸線「石川町」から丘の方向に徒歩数分という、交通の便に恵まれたロケーションにフェリス女学院中学校はあります。

1870年（明治3年）、アメリカ改革派教会が日本に派遣した最初の婦人宣教師メアリー・エディー・キダー先生によって創立されました。近代日本の黎明期において、我が国最初の女子教育機関として発足したのです。

校名の「フェリス」は、キダー女史を送り出したアメリカ改革派教会のフェリス博士父子から命名されたものだそうです。宣教師ヘボンが現在の山下町に開設していたヘボン塾に通っていた女子生徒の指導から教育が始まりました。

創設後、校舎を野毛山に移動、さらに1875年（明治8年）には山手に新校舎を建設し、校名も「フェリス・セミナリー」となりました。

その間、校名を日本名で「フェリス和英女学校」と呼称した時期もあります。

この「和英」という文字に込められた思いには、和洋・東西を問わず学問・教養を追求する姿勢が示されていると言えるでしょう。

140年にわたる歴史のなかで国際性に富む優れた人材を数多く世に送り出してきました。

この140年間を通じてフェリス女学院が一貫して堅持してきたものは、キリスト教の信仰に基づいた教育です。

常に神への感謝と祈りのうちに、高い教養と他者への配慮に富んだ豊かな人格とを備えた女性の育成を心掛けてきました。この基本姿勢は、今後も変わることなく続くことでしょう。

「For Others」をモットーに「学問の尊重」を掲げる

フェリス女学院の1日は、朝の礼拝から始まります。全校生徒が一堂に会することができるカイパー講堂に集い、聖書のことばに耳をかたむけ、昨年同窓会から寄贈された本格パイプオルガンの伴奏で讃美歌を歌います。

毎朝行われる全校礼拝は、6年間のフェリス女学院における学校生活の基盤をなすものでもあり、多くの卒業生にとって、最も印象深い思い出となっています。

140年にわたる歴史のなかでは、創立者キダー女史が掲げたキリスト教教育をゆるぎなく実践していく過程において、多くの試練もありました。

しかし、フェリス女学院では、キリスト教の信仰を土台とした自由な校風のもと、神への畏敬の念を持ち、気品と豊かな教養を体得した個性的な女性の育成を目指し続けてきました。

学校として欠かすことのできない教養の習得については、中等教育段階としては珍しい、「学問の尊重」を掲げています。既成の知識を習得することにとどまらず、各人が自ら考え学んでいく姿勢で学習に臨むことを重視しています。

フェリス女学院での学びは、各人が判断力を培い、どんな場にあっても自らの社会的責任を自覚し、個性的で豊かな人間性を有した人物に成長していくことを目的としています。

こうした「学問の尊重」という

姿勢は、「他人のために（For Others）」という聖書の教えに深くもとづくものです。これは、自分のためだけではなく、他の人々も生かすことのできる、質の高い、本物の学問を研鑽（けんさん）していくことこそ大切であるとの考えによるものです。

ともすれば、中学・高校段階における学習は、大学受験準備のためのものに限定して考えられがちな風潮もあります。しかし、フェリス女学院では、大学受験は各人が将来のために高等教育を受ける機会を選択するものであって、けっして「学び」の目的であるとはとらえていません。

もちろん、将来社会に出て活躍するため、それぞれが志望する大学へ合格できる学力を養っていきますが、大学受験を最終目的とするのではなく、あくまで人間形成の一環として「学問」と「教養」をとらえていくのがフェリス女学院の教育と言えるでしょう。

本来あるべき「自由」を尊重 個性豊かな人間形成を目指す

フェリス女学院では、「他人のために（For Others）」のもと、「キリスト教信仰」と「学問の尊重」に加え、「まことの自由の追求」を教育方針としています。

ここで大切なことは、単に「自由」とするのではなく、「まことの自由」とされている点です。

「まことの」とあえて付されている理由は、「自由」とは、なにものからも束縛されることがないことを意味すると同時に、それは自分勝手に振る舞ってよいというものではなく、自分自身を束縛しているものからも自由であるということを意味しているからです。

それはまた、外的規制や強制によって自己の行動を決めるのではなく、各人が自主的な判断に基づいて行動し、規則の意味を把握し、他人への配慮をもって他人を重んじていくことです。

この「まことの自由」は、他人に対する愛のかかわりにおいてこそ、その真価が発揮され、また「他人のために」機能する「自由」であるところに大きな意味があるのです。

こうした高次元の「自由」は、中学校に入学したばかりの段階において深く理解することは難しいでしょう。

しかし、フェリス女学院での生活を重ね、上級生の行動を見たり、実際に上級生と接していくなかで、この「まことの自由」が持つ本来の意味を体得していきます。

フェリス女学院が、我が国における女子教育のトップランナーとして高い評価を受け続けているのは、キリスト教教育を基盤におき、いつの時代も変わることのない真理を学校生活のなかで希求する姿勢を貫いているからだと言えるでしょう。

その意味では、フェリス女学院の教育は、数値やきわだった形に集約できるものではありません。また、そうした表層的な要素を少しも求めないことがフェリスの教育だとも言えるでしょう。

一人ひとりの人間形成を成し遂げていくことがフェリス女学院が目指すものであり、そうであるからこそ、在学中だけではなく、卒業後においてもフェリス女学院で学んだことが社会で活かされるのです。

創立記念式墓参

フェリス祭

中1オリエンテーション

奉仕活動

充実した教育環境のもと少人数教育を堅持している

フェリス女学院の校舎は、堅牢で直線的な設計を基本としている点が特徴です。校舎の建て直しにあたっても、伝統を重んじて、外観はほとんど従来の校舎と変わらない状態での建設がなされました。直線を多く採用しているのは、「曲がりなく真っ直ぐに育ってほしい」という願いが込められているのだそうです。

また、建築構造上で珍しいこととしては外壁にある柱が、全てまっすぐに上に向って伸びていて、建物の最上部から少し空中に突出する形になっています。これは見上げる人の心が、天へと伸びていき、神に向っていくことを意味するものだそうです。

重厚な建築様式で構成された校舎ですが、その内部はフローリングで、階段も手すりも天然木が使用され、温かみあるものになっています。

前述した全校生徒が集うことができるカイパー講堂は、正面に由緒あるステンドグラスが設置され、厳かな雰囲気が漂っています。毎朝の礼拝だけではなく、校内における様々な集まりに使用されています。

学校は楽しい場でなければならないとフェリス女学院は考えています。充実した教育設備のもと、毎日生活する生徒のことを最優先に考えた構造と言えるでしょう。

授業は週5日制で、月曜日と水曜日は6校時、火曜日・木曜日・金曜日は7校時まで授業が行われ、十分な授業時間の確保がなされています。

学習カリキュラムは中高6年間を見据えて構成され、中学校では基礎学力の涵養（かんよう）に重きがおかれ、高等学校段階では、その応用発展に移行していきます。

「聖書」と「音楽」はキリスト教と関係が深く、6年間にわたって全員必修の科目です。

中学の「英語」と中高の「英会話」、高校の「数学」、そして高校での必修選択科目や自由選択での授業は少人数クラス編成がなされ、きめ細かく効果的な授業進行がはかられています。ただし、フェリス女学院における学習の目標は、「自ら主体的に学習する習慣を身につけること」ですので、勉強の結果を他人と比べることは意味がないととらえられています。

ですから、フェリス女学院では、定期試験の成績や席次、成績上位者の発表など、他の人と比較になるような資料は公表されません。

同時に、クラス編成においても、少人数教育を実践するために必要なクラス分割は行いますが、能力別・習熟度別といった授業は一切行われていません。

他人との比較ではなく、一人ひとりが自らを人間的に向上させていく方途として学習があると考えるからです。

こうしたフェリス女学院での学びを積み重ね、高校3年生の段階になると自由選択授業が大幅に採用され、各人が自主的に進路に応じた授業選択を行うことで、それぞれが望む大学への進学を果たしています。

結果として、非常に優秀な大学合格実績を残しているフェリス女学院ですが、それは、6カ年を通じて「学問の尊重」を心掛けてきた成果と言えるでしょう。

クリスマス点灯式

体育大会

中3フィールドワーク

クラブ活動

広島研修旅行

Premium school

フェリス女学院中学校

FERRIS GIRLS' JUNIOR HIGH SCHOOL

「他人のために」をモットーに社会に貢献できる人材を輩出したい

神奈川県横浜市にあるフェリス女学院中学校・高等学校は、140年の伝統を誇る学校で日本で最初の女学校として創立され、キリスト教の信仰を基盤にした教育を実践しています。完全中高一貫の女子校として非常に優秀な大学合格実績を残している点でも注目される学校ですが、けっして受験に特化した指導をしているわけではなく、むしろ受験とは別方向の学びに注力し、学問を追求する教育を行っている学校です。フェリス女学院の教育について、田部井善郎校長先生にお話をうかがいました。

横浜山手の歴史ある女子校 キリスト教を礎とした教育で 時代を切りひらく女性へ

田部井 善郎　校長先生

140年を超える伝統 日本で最初の女学校

【Q】フェリス女学院創立の経緯と基本理念についてお教えいただけますか。

【田部井先生】昨年2010年、フェリス女学院は創立140周年を迎えました。本校は、1870年（明治3年）にアメリカからやってきたメアリー・エディー・キダー先生によって、日本における最初の女学校として創立されました。キリスト教をもとにした女子教育を実践するという理想を抱いて本校が開校されました。

キリスト教の信仰に基づいて自立した女性を育成するという観点は、創立以来、大切にしてきたものです。これは、今後も変わることはないでしょう。

そして、フェリス女学院では、時代が必要とするものに対応できる有為な女性を輩出することが本校の使命であると考え、「時代を切りひらく女性」を育てることを目指しています。キリスト教の信仰を基盤として、自分が社会にどのような貢献ができるかを問いかける高い志を持った女性を育てる教育を、創立以来、ずっと心掛けているのです。そうしたことの表れとして、明治期における女子教育を担う教育者として数多くの人材が本校から出たことからも注目できると思います。

【Q】キリスト教教育の目指すものはどのようなことでしょうか。

【田部井先生】キリスト教は、時代を越えて私たちのあり方そのものを問いかけてくるものです。それを若いときに学び、自分の生き方に活かしていくという姿勢をもって、現実社会の問題に取り組んでいくことに意味があると思います。これは、本校だけではなく、す べてのキリスト教学校が目指しているものだと思います。

【Q】御校では「学問の尊重」ということを強調されていますね。

【田部井先生】本来「学問」とは、大学などの高等教育における

登校風景

カイパー講堂

クリスマス

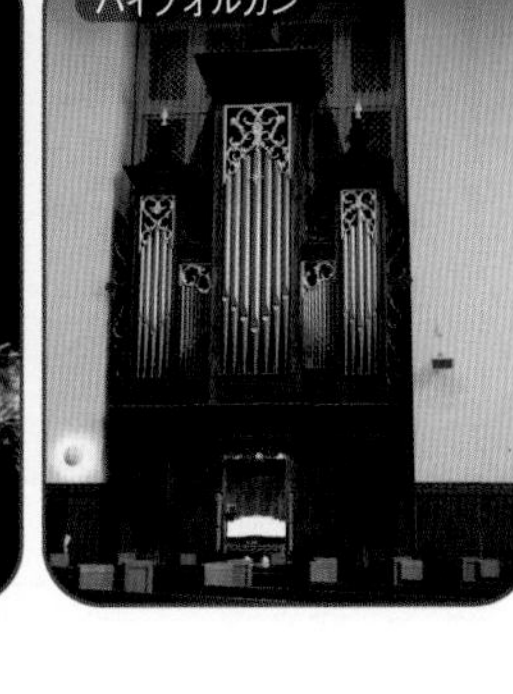
パイプオルガン

概念で、中等教育段階ではあまり用いられない言葉なのかもしれません。

　しかし、私たちは、中等教育においても本物の勉強をしてほしいと願っています。本物の勉強であれば、どの時代にもどこに行っても通用するはずです。

　そして、謙虚な思いで学んでほしいと思います。先人が積み重ねてきた知見を学び、それを自己のなかで昇華させて、社会のために貢献していける人間になってほしいと願っています。

基礎基本の修得を重視し 主体的に学ぶ姿勢を育む

【Q】そうした学びで大切にされていることはどんな点ですか。

【田部井先生】本校での学習は、けっして難解なことの習得を重視しません。とにかく、基礎基本をしっかりと身につけていくことを大切にしています。

　時代が複雑化すればするほど、基本が重要になると考えています。もし、本校生徒の大学進学実績が結果的によいと評価していただけるとするなら、それは受験テクニックに依存しているのではなく、基本をきちんと押さえ、主体的にものを考える姿勢が身についているからだと思います。

【Q】進路指導についてはどのようにお考えですか。

【田部井先生】生徒が自分の意思で将来を見据えて、自分にふさわしい道を選びとっていくお手伝いをすることが教師のつとめととらえています。そして、そのために必要な知識や考え方を学ぶのが学校だと思います。

【Q】最後に、受験生のみなさんへメッセージをお願いします。

【田部井先生】フェリス女学院がどのような学校であるかをご理解いただければと思います。

　本校は勉強を大事にする学校です。それも受験のために行う勉強ではなく、学ぶことの楽しさを知り、そして本当の勉強は自分の人生を、また、多くの人々の人生を豊かにするものであることを知ってほしいと願っています。

　そうすれば、本校に入学された後も、楽しく過ごし、6年間のうちに心身とも豊かに成長することができると思います。

ALL in One

すべての教育活動が授業空間から生まれる

2012年度の入試にむけた学校説明会・イベント等

学校説明会

10月30日(日) 10:30～
11月23日(水・祝) 10:00～

入試説明会

11月12日(土) 14:00～
12月17日(土) 10:00～

＊各教科担当者から出題傾向や採点基準など本番に役立つ内容をお話しします。
＊受験希望の方は過去問題解説授業を受けることができます。

ミニ学校説明会

1月14日(土) 10:00～

入試個別相談会

12月24日(土)～12月28日(水)
10:00～15:00

公開行事	清修フェスタ(文化祭)	10月29日(土) 10:00～15:00・30日(日) 10:00～14:00

2012生徒募集要項

☆特待生入試を実施

	第1回入試			第2回入試			第3回	第4回
試験日	2月1日(水)			2月2日(木)			2月4日(土)	2月5日(日)
	午前	午後 第1回	午後 第2回	午前	午後 第1回	午後 第2回		
集合時間	8:30	14:30	15:30	8:30	14:30	15:30	8:30	9:30
募集人員	約15名	約25名☆		約10名	約10名☆		若干名☆	若干名
試験科目	2科(国語・算数) または 4科(国語・算数・社会・理科)			国語・算数・社会・理科の中から2科選択			国語・算数	国語・算数・英語の中から1科選択

※ご来校の際にはスリッパをお持ち下さい。※詳しくは、本校HPをご覧下さい。

SEISHU 白梅学園清修中高一貫部

〒187-8570　東京都小平市小川町1-830　TEL:042-346-5129
【URL】http://seishu.shiraume.ac.jp/ 【E-mail】seishu@shiraume.ac.jp
西武国分寺線「鷹の台」駅下車　徒歩13分　JR国分寺駅よりバス「白梅学園前」

東農大三中

究理探新

本物に出会い、本当にやりたい夢に近づく6年間。

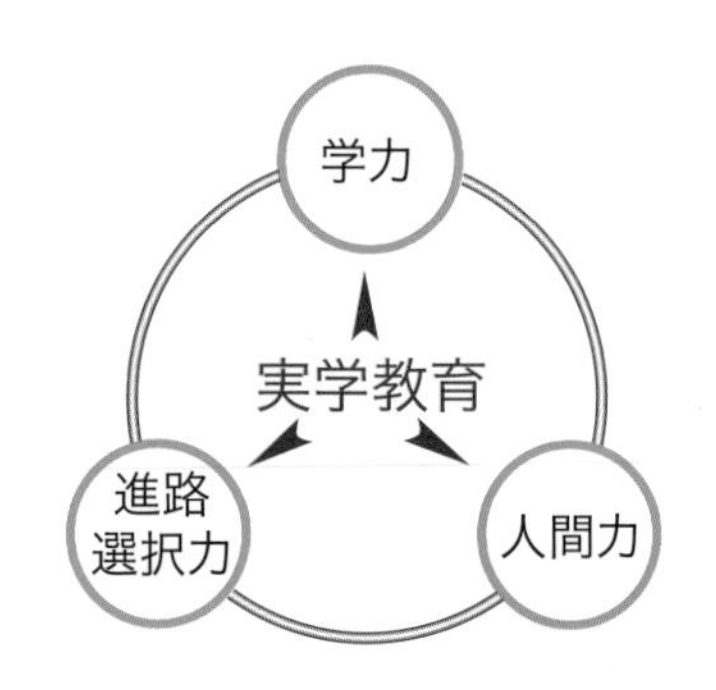

人間の知恵とは、たくさんの「なぜ?」を「知りたい」と思う好奇心が産み出したものです。
学ぶ楽しさを知り、理を究めようとする姿勢から本物の生きた学力が身についていきます。
本校では、自ら学び探究する創造的学力を養うための中高6年一貫カリキュラムを用意しています。

TOPICS
所沢で入学試験が行われます

■説明会日程

11月 1日(火)10:00～
場所:大宮ソニック

入試模擬体験【要予約】
11月27日(日) 9:30～
場所:本校
※予約は11月1日より本校ホームページで受け付けます。

12月17日(土) 9:30～
場所:本校

■新校舎での学校生活!

中学の新校舎での学校生活がスタートしました。
日が差し込む明るい校舎で、生徒達は中学の3年間を過ごします。
ビオトープや、屋上菜園など、東農大三中ならではの場所もあります。

教室　理科室

■ 2012年度入試募集要項

	第1回	第2回	第3回	第4回
試験日	1/10(火) 午後	1/13(金) 午前	1/24(火) 午前	2/6(月) 午前
試験会場	大宮/川越	本校/大宮/所沢	本校	本校
募集定員	40名	30名	15名	5名
試験科目	2科/4科	4科	4科	4科
合格発表	1/11(水) インターネット	1/13(金) インターネット	1/24(火) インターネット	2/6(月) インターネット

東京農業大学第三高等学校附属中学校

〒355-0005　埼玉県東松山市大字松山1400-1
TEL:0493-24-4611 FAX:0493-24-4696
http://www.nodai-3-h.ed.jp/

明るく元気な進学校

2011春 難関大実績過去最高。現高2河合塾偏差値55以上（横浜国大ボーダーライン）94名。部活加入率99%。

科学実験授業
難関大学対策講座
柏苑祭（文化祭）
企業研修（中3）
体育祭応援団

募集要項配布中（無料）

1月20日出願開始。ご連絡いただければ郵送いたしますので、お気軽にお申し付けください。

2/1午後入試実施 15:00開始 4科

2/2·4·6全4回インターネット当日合格発表します。

何回受験しても25,000円!

1回分の受験料で4回まで受験可能です。
出願時に申し込まなかった回の受験もできます。

手続締切　2/9・16時

第1回(2/1)含む全合格者に適用します。

手続時費用 50,000円!

残りの費用は入学後引落としとなります。

説明会日程

11月20日（日）　第1回入試説明会
　　　　　　　　過去問チャレンジ（要予約）
12月22日（木）　イブニング説明会（要予約）
1月　8日（日）　第2回入試説明会

★随時学校ご案内可能（要予約）
★この他にミニ説明会も開催

一番星になろう

東京都市大学 付属中学校·高等学校

TOKYO CITY UNIVERSITY JUNIOR AND SENIOR HIGH SCHOOL

〒157-8560　東京都世田谷区成城1-13-1　TEL.03-3415-0104　FAX.03-3749-0265
http://www.tcu-jsh.ed.jp/　メールでのお問い合わせは　info@tcu-jsh.ed.jp

★アクセス　小田急線 成城学園前駅南口より徒歩10分　東急田園都市線 二子玉川駅よりバス20分

千葉県立千葉中学校

日本、そして世界へ羽ばたく心豊かな次代のリーダーを育成

「自主・自律」

千葉県内トップの進学校・県立千葉高等学校を母体に県内初の併設型中高一貫校として開校した千葉中学校。多くのすばらしい人材を輩出してきた高校の伝統ある「自主自律」の精神を受け継ぎ、真のリーダーを育成する教育が行われています。

千葉県立千葉中学校（以下、千葉中）は、2008年（平成20年）に千葉県内トップの進学校・千葉県立千葉高等学校を母体に併設型中高一貫校として開校しました。

千葉中における全活動の精神的基盤となっているのは、千葉高校の校訓でもある「自主・自律」です。「自主・自律」の精神に裏打ちされた教育によって、次代に生きる生徒たちに必要不可欠な力が身につきます。なにが問題になっているのか、なにが原因なのか、なにをすべきなのか、どうしたらみんなと協力できるのかなど、全て自分たちの頭で主体的に考えながら3年間を過ごします。それにより、千葉中に入学すれば、自然と「自主・自律」の精神が身につくことになります。

この精神をもとに、中学校では新しく「篤学（とくがく）・協同・自律」という校訓を掲げています。「篤学」は、熱心に学問に励むこと。「協同」は互いに力を合わせて物事を行うこと。そして、「自律」は自分自身で立てた規範に従って行動することです。

バランスよく深く学べるカリキュラム

千葉中の教育課程は、千葉高校の

髙岡（たかおか）正幸（まさゆき） 校長先生

「本校で一所懸命学んで、将来、社会貢献しようという意識を常に持ち続けてほしいですね。」

培ってきた伝統を活かしつつも、教育課程上の「先取り」は行っていません。主体的に様々な活動に取り組むことによって、興味・関心を幅広く持たせ、より深く考える力、コミュニケーション能力、表現力などの「人間力」を育成することを目標としています。

また、伝統として、重厚な教養主義が教育方針の柱として確立しています。これは日々の授業を大学受験に特化させるのではなく、全ての教科で基礎・基本を大切にしながらも、教科書を超えた発展的な授業を展開することで、広く深く学習するというものです。先取りではなく、深く、課題に対して多角的に考えるよう、丁寧な指導を行っています。

さらに、ハイレベルな授業を行う千葉高校に進学するうえで、中学校段階では「スパイラル学習」と呼ばれる、螺旋階段をのぼるような、段階的に繰り返し学習をする工夫が行われています。学年があがるにつれ、より高度な内容を学び、少しずつ理解を深めていきます。

また、英語と数学では20名の少人数クラスで授業を行い、一人ひとりに目が行き届くきめ細かな授業を展開しています。中学校では家庭科、技術科、国語の一部でも少人数で授業を行っています。

補習については、夏休みの始めと終わりに「勉強会」を設定しています。基本的に参加は自由ですが、進度が遅れた生徒については義務づけられる場合もあります。それ以外は制度的なものではなく、臨機応変に個別対応という形でフォローしています。

人間力育成に向けた総合的学習の時間

千葉中には、千葉高校の伝統を生かした「学びのリテラシー」、「ゼミ」、「プロジェクト」という人間力育成に向けた独自のプログラムを総合的な学習として設けています。

「学びのリテラシー」とは、探究的な学びの基礎となる力を育てる学習です。「ゼミ」や「プロジェクト」で必要となる話しあう力や発表の技術を学んでいきます。具体的には、レポート・論文の書き方や調査時におけるアポイントの取り方、相手への接し方などを学びます。

「ゼミ」は、いわゆる大学のゼミナールと同じ形式で、個人研究を行います。それぞれのテーマで1～3年まで縦割りで所属し、研究に取り組みます。半年ごとに発表が行われ、3年生では論文にまとめます。

「プロジェクト」は、社会に参加する力をつけるためのプログラムです。各学年ごとに社会人講演会（1年）、職場体験学習（2年）、長期ボランティア（3年）を行います。

School Information

千葉県立千葉中学校

所在地：千葉県千葉市中央区葛城1-5-2
アクセス：JR線「本千葉」徒歩10分、京成線「千葉中央」徒歩15分
生徒数：男子119名、女子119名
T E L：043-202-7778
H P：http://www.chiba-c.ed.jp/chiba-h/chibachu/

これらは全て実行委員会形式で生徒が企画・運営を任されます。そのため、講演者や企業へのアポイントも生徒が行います。こうした経験が企画力を育み、社会でどんなことができるのか、社会からどのような力が受け入れられるのかということがわかってきます。

そして、これら3つのプログラムが、千葉高校へ進学した後の「千葉高校ノーベル賞」へとつながっていくのです。

「千葉高校ノーベル賞」とは総合的な学習の時間から生まれたもので、4つの分野（人文科学・社会科学・自然科学・芸術）に分かれて、個別に調査・研究をし、まとめたもののなかから最も優れた作品に与えられる賞です。

1年生から約2年間かけて研究したものを、3年生で発表します。受賞者は文化祭で再度発表することができ、ハイレベルな研究発表を楽しみに毎年来場する方もいるほどです。

こうして中学校で研究に関する基礎を学び、高校でのハイレベルな研究へすぐにつなげていくことができるのです。県立のトップ校である千葉高校の教育と密接に結びついた総合的な学習の時間となっています。

人間力を培う3つの「協同」

千葉中は、人間力を培う3つの協同を「学びの協同」、「社会との協同」、「家族との協同」として「協同」という言葉を意識した行事を行っています。

例えば、入学直後にオリエンテーション合宿として、少年の家で2泊3日、携帯電話やテレビ、ゲームなどがない、普段とは違う生活を体験します。また、夏休み前に行われる自然教室では、山へ行き、少年の家で3日間自分たちで自炊をしながら、キャンプファイヤーや山登りをします。

これらの行事には、昨今の家庭教育においてなんでも用意されすぎている子どもたちの自律を促す意味もありますが、自分たちで一生懸命いろいろな工夫をして生活していくために「協同」することを学びます。

社会科授業

友だち同士が、何もないなかで「協同」しながらつくりあげていくので、人間と人間のコミュニケーションがより深まります。その結果、生徒は合宿から戻ってくると逞しく成長しています。

強い学習意欲を持った生徒に入学してほしい

最後に、どのような生徒に入学して欲しいかを高岡校長先生にお聞きしました。

「本校の生徒は世の中の動きに関心を持つ必要があります。なぜなら、税金で運営される公立校は社会に貢献する使命があるからです。私立のように高いお金を出さなくても少人数の丁寧な教育を受けられるわけですから、常に社会貢献の意識は持ち続けてほしいですね。また、本校を第1希望で考えている子どもに来てもらいたいです。将来、東大に入るだけが目的ではなく、本校の教育方針を理解して第1希望で来ていただける生徒さんを、学校と家庭が連携して丁寧に伸ばしていきたいと思います」。

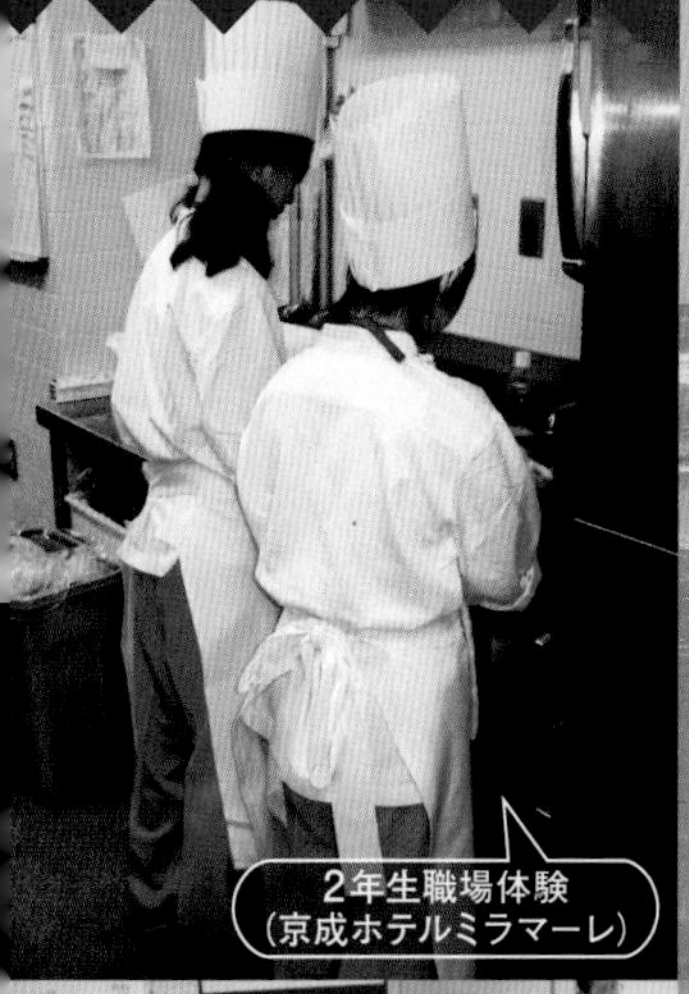

2年生職場体験（京成ホテルミラマーレ）

4月強歩大会

リテラシー授業

授業風景

文化祭

書道部

自律 協同 篤学

文化祭

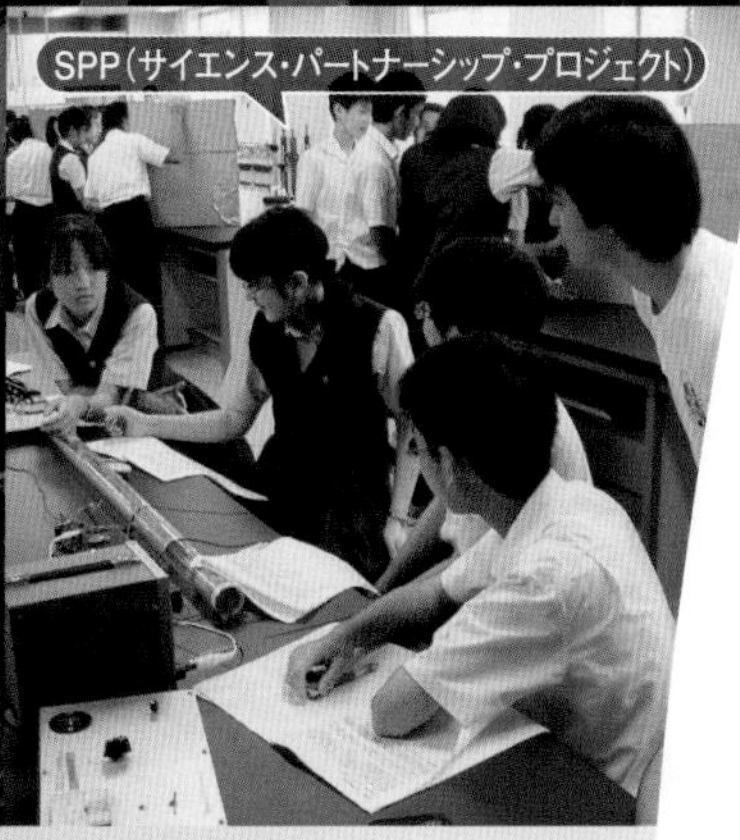

SPP（サイエンス・パートナーシップ・プロジェクト）

2年生職場体験（千葉銀行）

新入生オリエンテーション合宿

平成24年度 入試情報

募集定員

男子40名、女子40名　計80名

検査期日

〔1次検査〕 12月10日（土）
〔2次検査〕 1月28日（土）

検査内容

〔1次検査〕 適性検査（1-1・1-2）

- 適性検査1－1→与えられた文章や図・表等の資料等を読み取り、課題をとらえ、解決に向けて筋道立てて考え、表現する力をみます。
- 適性検査1－2→自然科学的・数理的な分野において、課題をとらえ、解決に向けて筋道立てて考え、表現する力をみます。

〔2次検査〕 適性検査（2-1・2-2）、集団面接

- 適性検査2－1→課題を設定する力、資料等を活用する力、解決のために計画・実行する力、自分の考えや意見を筋道立てて表現する力をみます。
- 適性検査2－2→聞き取った内容及び読み取った内容から、課題を明確にし、経験に基づき、自分の考えや意見を筋道立てて表現する力をみます。

ココロと
カラダの特集

身体の成長が著しい小学生。
心のなかも、さまざまに揺れながら伸びようとしています。
ついつい大人の目で見てしまいがちな子どもたちのココロとカラダ。
ちょっと立ち止まってゆったり向かい合ってみませんか。

ココロとカラダの特集

特集1

常識のある子どもに育てるために

自分の子どもが「常識のない子ども」になっては困ると思います。
しかし、「常識のある子ども」がどういう子どもかというと、
わかりにくいところもあります。
臨床心理学者の蓮見将敏さんに常識とは何か、
常識をどう育てたらいいかを話していただきました。

写真◉越間有紀子

常識とは、一般の人が持っているべき一般的知識と理解力、判断力のことですが、「常識のある子どもに育てる」といった場合の「常識」はむしろ、「良識」といった言葉に近い意味を持っているかもしれません。

良識とはモラルにつながるもので、社会人としての健全な判断力のことをいいます。

つまり、社会人としてあるべき姿を考えることができる能力です。もっと、かみくだいていえば、世の中で、やっていいこととやってはいけないことを判断する力ということです。

そして、常識（良識）を持つことによって、自分自身の社会の中の位置づけを知り、社会のために自分が何をできるかを知ることができます。

つまり、常識とは、子どもが成長して社会の中で生きていくときの、基礎になるものなのです。

また、常識とは教養ともつながりがあります。教養とは、人文科学、自然科学、社会科学などを幅広く勉強し、知性や感性を刺激して自己発見することによって得られるものですが、その基礎となるものも、常識なのです。

蓮見将敏 はすみ・まさとし
大学院博士課程修了後、児童相談所や心療内科クリニックのカウンセラーを経て、現在、杉野服飾大学教授。神奈川県スクールカウンセラー、横浜市スクールスーパーバイザー兼務。

常識を育てることの意味

- 心身のエネルギーを有効に使えるようになる
- コミュニケーションを取りやすくなる
- 公共心を育てることになる
- 理解力や判断力が向上する
- 心身が健康になる
- 創造力を高めることになる

常識が育まれていてこそ、教養を積むことができます。

そして、教養こそがすぐれた業績を生み出します。

ノーベル物理学賞を受賞した江崎玲於奈博士は、こう述べています。

「ノーベル賞クラスの業績を残した人の多くは教養にあふれている」

「すぐれた科学者は一芸に秀でた人間というよりも、むしろ、あらゆる視野を兼ね備えた教養人である」

常識を身につけ、その上に教養を高めていく。それが、子どもたちの将来にとって必要なことです。

もう少し、具体的に常識を育てることの意味を考えてみましょう。

まず第一に、常識があると心身のエネルギーを有効に使えるようになります。いちいち、立ち止って考えなくても、常識をもとに判断していけばいいので、無駄がありません。迷いながら進むのではないので、生きやすくなります。それは生きる力をつけることでもあります。

常識を育むことで理解力や判断力も向上

二番目に、それぞれの人が常識を持つことにより、考え方や振る舞いのベースが共通になります。それによって、コミュニケーションが取りやすくなるのです。逆にいうと、常識のない人とは付き合いにくいのです。常識を持つことによって、他人とうまく付き合っていけるようになると言えます。

三番目には、常識を育むことは、公共心を育てることでもあります。先に述べたように、常識を持つことは、自分自身の社会の中の位置づけを知ることです。自分自身の社会の中での位置づけを踏まえて、社会とつながりを考えていくことによって、公共心は生まれてくるのです。そして、社会の中で、何か役割を果たしたくなります。社会に貢献したいという気持ちが生まれてくるのです。

四番目には、常識を育むことにより、理解力や判断力も向上します。常識はものを理解したり、判断したりするときのベースになります。常識なしに理解や判断しようとするのは難しいのです。むしろ、常識と理解力、判断力は一体のものだと考えてもいいでしょう。ですから、常識がついてくれば、理解力や判断力も高まりますし、またそれによって、常識も深まるということになるのです。

五番目には、常識を育むことに

より、心身が健康になります。常識を深めることにより、社会の中での自分がはっきりしてきます。ですから、人とのつながりも健全になりますし、自分の生き方も安定します。

逆を考えてみればよくわかります。常識のない人は、社会の中で居場所がないですし、自分のあり方が不安定なまま、迷いを持って生きることになります。こういう生活では、心身が健康になるはずがありません。常識を深めるということは、実は健康にも影響を与えるのです。

常識の基礎になるのは日常生活のマナー

最後に、常識と創造力との関係です。常識的であることは、創造的でないことのようにとらえられがちですが、それは間違っています。創造とは常識のなかにある原理をベースにして生み出されるものです。そのもとになる原理を身につけないまま、新しいものを創造しようとしても無理です。これは、先に述べた教養こそがすぐれた業績を生み出すといったことと、同様のことです。常識は新しいものを生む出すための力になります。常識を育むことは、創造力を高めることにもつながるということを、忘れないでください。

それでは、子どもの常識を育むには、具体的にどうすればいいでしょう。八カ条ほど、重要なことをあげてみます。

最初の二つは子どものしつけと同様のことです。でも、これが常識を育むときの基礎になります。

よく「常識がない子」が増えた

常識を育むための8か条

1 日常生活のマナーを教える
あいさつする、感謝の言葉を忘れない。

2 勉強する時、遊ぶ時のマナーを教える
時間を守る、やる時は精一杯やる。

3 人間関係のマナーを教え、考えさせる
他人を思いやる、年下をいたわりリードする。

4 自然の法則を教え、考えさせる
北半球と南半球の違い、昼と夜の違い。

5 社会に関する常識を教え、考えさせる
貧富の差、政治の違い、さまざまな差別について。

6 常識のある人、ない人の違いを考えさせる
態度の善し悪し、発言の善し悪し、行動の善し悪し。

7 常識的な生き方と常識を超えた生き方の違いを考えさせる
深い意味での常識とは、常識的に見えることは正しいか。

8 常識とは流動的であることを考えさせる
昔の常識は今の常識のたたき台でしかない、常識は変化する。

ということが言われますが、この基礎になる部分から、欠けているように思います。

基礎になる第一番目は、日常生活のマナーを教えるということです。マナーは行儀作法、あるいはエチケットという言い方をしてもいいかもしれません。別に難しいことでは、ありません。起きたとき、食べるとき、寝るときのあいさつがまず基本です。つまり、「おはよう」、「いただきます」、「ごちそうさま」、「おやすみなさい」としっかり言えるようにします。そして、「ありがとう」と感謝の言葉を忘れないことも大事です。食事は何でも残さず食べるということもマナーのひとつでしょう。こういう常識的な行動ができることがまず重要です。

二番目は日常生活にプラスして勉強する時と遊ぶ時のマナーを教えます。勉強にしろ遊びにしろ時間を守って行うこと、学年が上がれば自分で遊びと勉強の時間を決める、やる時は精一杯やる、宿題はちゃんとすませる、仲良く遊ぶ、といったことを身につけさせます。

こうした常識的な行動ができるようになって、三番目には人間関係のマナーを教え、考えさせます。

このあたりから、ただ教えるのではなく、考えさせるようにします。他人の迷惑になることをしない、他人を思いやる、年下をいたわりリードする、男女それぞれの良さを尊重する、といった他人とつきあう上でのことを教え、なぜ、それが必要なのかを考えさせます。

四番目は自然の法則を教え、考えさせます。四季がある国ない国の違い、北半球と南半球の違い、満潮と干潮の違い、昼と夜の違いなどの自然を支配する法則について教え、それについて親も一緒に考えるようにします。

五番目は社会に関する常識を教え、それについて考えさせます。貧富の差、政治の違い、都会と地方の差、男女の格差、さまざまな差別についてなど、現実の社会はどうなっているのかを教え、それについて考えます。ニュースなどを子どもと見ながら、親も一緒に考えるようにするといいのです。

六番目は常識のある人、ない人の違いを考えさせます。テレビのドラマを見ながら、登場人物について、この人はまともな人、この人はおかしい人と親子で議論するのでもいいのです。または、バラエティ番組の出場者について話題にしてもいいでしょう。態度の善し悪し、発言の善し悪し、行動の善し悪しなどについて、親子が意見交換することで、常識のある人、ない人について考えていきます。

伸びやかな常識を持った子どもに育てる

七番目は常識的な生き方と常識を超えた生き方の違いを考えさせます。

仕事優先で家庭を省みない人、あえて遠距離通勤をする人、思いがけないお金の使い方をする人、変わった休日の過ごし方をする人などについて、どう思うか子どもと意見交換してみましょう。

この時、重要なのは、一見常識的ではないように見えても違う判断があることに気づくことです。深い意味での常識とは何か、常識的に見えることは本当に正しいのかを考えさせるのです。一見、おかしく見えても、よく考えてみると常識からはずれていないということは、たくさんあります。

最後には常識とは流動的であり、常に新しくなるものだということを考えさせます。

昨日は常識だったことが、今日はそうではない。昔の常識は今の常識のたたき台でしかないということがあります。テクノロジーの進歩によって、世の中が変わってしまえば、常識も変化します。パソコンが普及する前と、その後では人とのコミュニケーションの常識が変わってしまいました。世の中がスピードアップし世界の距離が短くなることによっても、新しい常識が生まれています。そういう常識の変化について考えていきます。

常識のある子どもとは常識にしばられた子どものことではありません。常識はあくまで、創造のベースになるものです。伸びやかな常識を持った子どもに育てることが重要なのです。

特集2

頭が痛いという子どもにどう対応すればいいか

風邪をひいた様子もないし熱もないのに
「頭が痛い」と訴える子ども。
薬を飲ませていいものか、学校は休ませるべきか、
判断に迷うことが多いものです。
どう対応したらいいのか考えました。

文◉深津チヅ子　イラスト◉土田菜摘

子どもの頭痛でお母さんが判断に困るのは、朝、登校前になって「頭がガンガンする」と子どもが言い出した場合ではないでしょうか。

頭痛は目に見えない、本人にしかわからない症状ですから、学校を休ませるかどうかは、子どもの訴えだけが頼りになります。

そのため「頭痛くらいで」と無理に登校させたり、本当に頭痛があるのかしらと疑いの目を向けるお母さんも少なくないようです。学校に行きたくない理由があるんじゃないかと別の心配をして、根ほり葉ほり聞き出そうとするお母さんもいるかもしれません。

頭が痛くて動けないと言っているのに、これでは子どももたまったものではありません。

「子どもは表現力が乏しいので誤解されやすいのですが、大人と同じように子どもにも頭痛はあり、つらい思いをしています。早いと三歳くらいから確認できます」と話すのは、数少ない小児頭痛の専門家で、筑波学園病院小児科・小児頭痛外来担当の藤田光江先生。

「頭痛もち」というと大人の女性に多い印象をもちますが、データによると中学生の四・八%に片頭痛があるといい、同じくらいの数の「頭痛もちの小学生」がいると推測されます。

親はどんな点に注意を向ければ、間違いのない対応ができるでしょうか。

テレビの音や光を嫌がるなら片頭痛の可能性大

まず知っておきたいのは、子どもの頭痛には片頭痛と緊張型頭痛の2タイプあることです。タイプにより、痛み方も対処法も違ってきます。

「外来で圧倒的に多いのは片頭痛。このタイプはお母さんからの遺伝的要素が大きく、六割の確率でお母さんにも片頭痛がみられます」（藤田先生）

片頭痛の痛みの特徴は、突発的でこめかみを中心にズキンズキンと脈打つように鋭く痛み、おう吐や吐き気があったり、光、音、強いニオイなどに敏感になることです。大人と違って、片頭痛といっても痛みの場所は片側とは限らず、両側のこともあります。また持続時間が短くて、一〜二時間で治る場合もあるので、その点も承知おき、判断しなければなりません。

わかりやすいのはテレビに対する反応からでしょう。チカチカした光や音を嫌って、暗い静かな部屋で寝たがる子が多いのです。

ですから、お母さん自身が頭痛もちで、「頭がガンガンするからテレビを消して」と子どもが言うようなら、まず片頭痛と思っていいでしょう。

いっぽうの緊張型頭痛は、頭に何かかぶったような圧迫感が、いつ始まったかもはっきりしないままダラダラと続くのが特徴です。子どもがゲームに長時間集中した後に「頭が痛い」と言い出すのは、こちら。精神的な緊張と、同じ姿勢を長時間続けることで肩や首周辺の筋肉が緊張して起こる頭痛だからです。

吐き気もなく比較的軽い頭痛なので、たいていは外で遊ぶなど体を動かしているうちに治ってしまいますから、受診したり薬が必要になることは少ないものです。

それに比べると、片頭痛は少しやっかいと感じるかもしれません。

片頭痛の発症プロセスには諸説ありますが、脳内の三叉神経が何らかの刺激を受けて血管の炎症をひき起こして起きるとする「三叉神経血管説」と、神経細胞の活動性異常が原因だとする「神経説」を組み合わせる考え方が有力です。

しかし、その子によって、これがあると片頭痛が始まるという誘因が決まっていることが多いので、その場合は誘因を除くことが治療・予防の第一歩になると藤田先生は指摘します。

頭痛（片頭痛）で現われる症状

筆頭にあげられるのが、睡眠不足です。

「生活習慣を見直して、一時間睡眠時間を増やすだけで片頭痛が改善される例をたくさん見てきました。子どもの片頭痛は睡眠不足から起きるケースが多いのです」

そのほか、チョコレートなど特定の食べ物、低気圧、光なども誘因になります。どんな場合に頭痛が起きたかを記録しておくと、発症パターンが分かり、その子の誘因が見つかるでしょう。

頭痛が起きたら薬を「すぐに、適量をきっちり」飲むこと

では、朝、子どもが頭痛を訴えたらどう対処したらいいか、お母さんの悩みどころですね。学校を休ませるかどうかについて、藤田先生は次のようにアドバイスします。

「子どもの片頭痛は大人にくらべて軽く、寝るだけで治るものも多いのですが、痛みが強いようなら薬を飲ませて暗い部屋で静かに寝かせ、治まったところで登校を考えればいいでしょう。痛みが消えれば、普通に過ごせます」

薬は、小児用の解熱鎮痛薬（アセトアミノフェン、イブプロフェン）を使います。

「市販薬では、『小児用バファリン』なら余分な成分が入っておらず、安心して使えます」と藤田先生。

薬の効きをよくするには、「痛みが始まったら躊躇せずにすぐに、決められた分量をきちんと飲むこと」。鎮痛薬はこわいから半分にしておこうと考えるお母さんもいるかもしれませんが、それでは薬が効かず、痛みは治まりません。紹介した薬は安全なので、月に十回以内であれば、薬が必要なときは安心して飲ませていいと藤田先生は話します。

また、頭痛もちの子は、痛み出したときのために、学校に一回分を持たせて、先生に頼んでおくといいでしょう。保健室で休む方法もありますが、頭痛のたびに保健室のお世話になるのは、子どもには言い出しにくいものです。

頻繁におう吐と頭痛を繰り返すときは、ほかの病気が原因のことがあるので、小児神経科か小児科の受診を。また、月に十五日以上頭痛が起こる場合は、ストレスが原因で慢性化している可能性があり、薬を飲んでも効きません。

「頭痛が子どものSOSサインになっていることもあります。口に出せないことが頭痛になっているので、普段から子どもの性格や感じ方に気を配り、子どもの声に耳を傾けてあげて」と藤田先生。

頭痛ならずとも、親として常に心がけておきたい姿勢ですね。

10年後を想像していくと今やるべきことが見えてきた

絵本を描く時には、小学一、二年生のころの自分に立ち戻る。
子どもたちは、本の中のできごとを
自分たちの日常と照らし合わせて読んでくれる。
そんな子どもたちと繋がっていきたい。

武田美穂

［絵本作家］

構成◉橋爪玲子

自分に自信がもてた小学校五年生のできごと

小学生のころは、変わった子どもだとよく言われました。大好きな絵を好きで一日中描き続けたり、家の近所を探検して歩き回るのが好きだったり。熱中するとずっとやり続けてしまう子どもでした。私の母は女優でした。そのために学校でお芝居をやるときは、いい役を与えられたり。でも、たった一言のセリフも喋れず、降ろされちゃう。シャイでした。

でも、なぜか自分の好きなことには大胆になれたんですね。紙芝居を作って、友達の前や、広場で堂々と披露していました。担任の先生からは、ちょっと浮いた子に見えていたようです。

小学校五年生のときです。隣のクラスの女の先生が「武田さんは、声がいいから朝と夕方の校内放送でしゃべってくれる」と言ってくれました。隣のクラスなのに私のことを知っていてくれたことも、辛抱強く収録に付き合ってくれたこともうれしかった。このアナウンスが登下校のときに流れた時は、感動しました。自分に自信がなかった私の意識が変わって、自信をもてるきっかけになったできごとです。

中学で二年のときには、絵の仕事をすることを目標にしていました。自分の十年先を考えてみたんです。ゴールが決まっていれば、それに向かって進める。飽きずにやっていけるものといったら私にとっては絵だったし、十年あったら、今できないことも、ある程度努力で克服できると思っていました。

だから、日大芸術学部の附属高校に進学しました。自由な校風で、先生たちは、人に序列なんてないとひとりの人間として対等に対峙してくれていたように思います。色彩感覚に自信がなかった私に、先生が「君はカラリストだね」と言ってくれて、それ以後、自分が好きな色を使えるようになりました。

大学はそのまま日大芸術学部に進みましたが、三年で中退しました。そのころ、三歳下の弟が事故で生死をさ迷い、人ってこんなに若くても死んでしまうこともあるのかと思ったことも理由です。だったら、寄り道なんかしていられない、と。
それに大学は、高校よりさらに自由度が高いけれど、ゆるいなあと感じていました。それで、一歩でも早く社会に出て、絵の仕事をしたかったのです。「社会に出るなら、お金を家にいれなさい」と両親に言われ、出版社に挿絵を描いて売り込みにいきながら、アルバイト生活を始めました。

「ごめんよ」
といって
ますだくんが
ぶった。
27

武田先生の著作です

絵本を描くきっかけは、一人の女の子との出会いです。図書館でアルバイトをしていた私のところに、小学四年生の彼女が「この本を読んで」とやってきました。毎日、毎日、何冊も絵本を読み続けました。そんなある日、彼女が持ってきたのが、シュルヴィッツの『夜明け』です。ある湖の夜から朝にかけての話なのですが、この絵本の表現力のすごさに驚き、こんな風に描きたい、と思いました。それで私の人生は決まりました。

出版社に絵本を持ち込み、二八歳のときに『あした遠足』という絵本でデビューしました。でもあまり売れず、いったん、絵本を描くことをやめ、デザインの仕事で食べていました。

再デビューは二年後、三十の時でした。再デビュー後の作品に『となりのせきのますだくん』があります。

ヒロインのみほちゃんの目に映る「ますだくん」は、緑色の怪獣です。好き嫌いが多くて給食も食べられなかったり、算数や縄跳びが苦手だったりするみほちゃんに、ますだくんはつい口と手を出してしまいます。

私にとってのますだくんのモデルは、この本の担当編集者の男性です。新作の下描きを渡す約束をしていたのに、朝になっても真っ白で、彼に「怒られちゃう、どうしよう」って、想像していたら、彼の顔が怪獣に見えたんです。

自由で、奔放で、カオス時代の小学校一、二年生が愛おしい

この本には、子どもたちからのファンレターがたくさん来ました。「先生にばれないように給食を残す方法を教えてあげる」「計算のやり方を教えてあげるよ」とか、みほちゃんの悩みを自分のこととして共感してくれているんです。小学校の低学年の自分とよく重なりました。

ますだくんをいじめっこと決め付けてしまう子どももいますが、それは違うんです。そういうぶっきらぼうな一面もあるけれど、人にはいろいろな面があるんだよということを伝えたくて、二作目、三作目で、ますだくんに焦点を当てました。

どんな作家でも、たちもどる年齢が必ずあると思います。私にとってそれは小学校一、二年生です。自由で、奔放で、カオスの時代です。私は、あの時代の気持ちを今も持っていますし、とても愛しく感じます。

あのころの自分と、手紙をくれるリアルな小学一、二年生の心は今も昔も変わらないままで、繋がっている気がします。だから絵本を通して読者の子どもたちと繋がっていきたいんです。

でも、最近は手紙を読んでいると、情報量が多くて、背伸びしている子も増えているように感じます。そんな子どもたちに向けて、『すみっこのおばけ』を描きました。そんなに急いで成長しなくていいし、あなたたちの味方はいるんだから大丈夫だよと伝えたいんです。

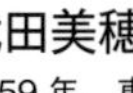

武田美穂
1959年、東京生まれ。日本大学芸術学部油絵科を中退。その後、87年にデビュー。主な作品に『となりのますだくん』シリーズ（ポプラ社）『こわいドン』（理論社）、『ざわざわ森のがんこちゃん』シリーズ（講談社）などほか著書多数。最新刊に『どーんちーんかーん』（講談社）がある。

川畠成道

［ヴァイオリニスト］

ココロの30 Interview

構成◉森絹江
写真◉越間有紀子

“音楽は生きる力に結びつく。ヴァイオリンによって救われた僕は、その喜びを、より多くの人に伝えたい。”

川畠さんが目に障害を負ったのは八歳のとき。

以来、沈みがちな家族の空気を一気に変えたのが、

「ヴァイオリンのソリストとして生きる」という目標だった。

音楽大学を卒業後にはイギリスへ留学。

一九九八年にデビューを果たす。

「音楽によって救われた僕は、音楽の喜びや楽しさをひとりでも多くの方に伝えていくことも、大切な仕事だと思っています」と、川畠さんは言う。

今年8月にリリースした11枚目のアルバム『川畠成道　クライスラーを弾く』。同時に、新書『耳を澄ませば世界は広がる』を出版

父もヴァイオリニストなんですが、自分がその仕事をしている分、プロになる厳しさを知っているからでしょう。子どもたちに同じ道を進ませるつもりはなかったようで、僕も、ヴァイオリンに触ったこともありませんでした。

ところが僕、八歳のときに目に障害を負ったんですね。祖父母と一緒にアメリカを旅行中に風邪を引いた。そのときに飲んだ薬の副作用で、生存率五％といわれる病気にかかってしまったんです。幸い命は取り留めたものの、帰国して病院に通い続けても、目は元に戻らない。

二年たっても回復しない僕の将来を、母はいろいろ考えたそうです。そうして得た結論が、目に障害があっても演奏できるヴァイオリニストになることでした。

父はだいぶ悩んだようです。十歳からでは遅いことは、誰よりもよくわかっていましたし、しかも、僕にはプロのオーケストラで来る日も来る日も新しい楽譜を渡されて見て、弾くのは難しい。ソリストを目指すしかないのですから、もしかしたら可能性は〇・一％もないかもしれない。そんな父が、「やれるかもしれない」と思ったのは、僕が初めてヴァイオリンを持ったときだと聞いています。

そもそもヴァイオリンという楽器は、初心者にとってはきちんと顎にはさんで音を出すこと自体が難しい。それを僕は、自分ではまったく覚えていないんですけれど、すごく自然にスッと持ったらしいんです。以来、一日八時間に及ぶ練習をするヴァイオリン漬けの日々が始まりました。学校から帰ってすぐに家にある練習室に入って遅くまで弾いて、休みの日も一日中弾いて、という生活でした。一日に一時間ぐらいは休み時

川畠さん愛用のヴァイオリン、ガダニーニ。「ガダニーニを持つと、むやみに肩に力を入れなくても自分の表現ができるのです」

間があったかな。

僕自身、目に障害を負ってからずっと、とても気持ちが落ち込んでいて、家族もなんとなく暗く沈んでいた感じがあった。それが、たとえば今まで弾けなかった曲が少しずつ弾けるようになる、そのわずかな進歩が嬉しくて、自分の心も家族全体の空気も明るくなっていくのがわかるんです。練習は大変というよりも、喜びのほうが大きかったと思いますね。

デビューまでのことを振り返ってみると、始めた当初は、両親が極太のフェルトペンで大きな模造紙一枚に一小節ずつ楽譜を書いてくれていたのが、だんだんそれも見えなくなる。あるいは、コンクールに出場しても入選しない、音楽学校の試験でも評価されないとか、「このまま続けていっていいのかな」と思い悩んだ時期は、何回もありました。

それでも続けてこられたのは、一言でいえば諦めなかったことです。僕の場合、諦めるも何も、これしかない、後ろを振り返るわけにはいかないということもありましたが、それ以上に大きかったのは、家族のサポートです。

二十六歳でのデビューは、音楽家としては遅いほうです。その間、永遠に道が開けない可能性は、常にあった。でも、誰よりも家族のみんなが諦めなかった。

ようやく演奏が楽しく感じられるように

とくに大きかったのは、音楽大学卒業後のイギリス留学ですね。音楽を勉強する学生にとって留学は普通のことで、友人たちも多くが留学しています。でも、目の悪い僕の場合、一人で海外で生活することはできない。まわりも「何もそんなに無理してまで」と言う人が多かった。最終的に留学することになったのは、「目に障害があるから留学させられなかったというふうにはしたくない」という、両親の強い思いでした。

そして、イギリスへは母が同行。日本には父と弟たちが残りました。以来、英国王立音楽院を卒業するまでの数年間、家族は別れて暮らすことになります。英語のできない母が、ロンドンに着くなり僕たちの住む家を探したり、父は父で、日本で家事の一切合切を引き受けたり。

僕も、家族がこれだけの、いわば犠牲を払ってくれている以上、できるだけ多くのものを吸収しなければという思いはあったと思います。

僕にヴァイオリンの才能があるのか、というと、僕はそれを感じたことがありません。夢中になってやっていると、そんなことを考えている余裕もない。でも、両親が諦めなかったおかげで、たくさんの出会いを得てきて、それも続ける力になりました。たとえば桐朋学園の音楽科で教えてくださった江藤俊哉先生は、「君を必ず一流の演奏家にしてみせる」と言ってくださった。母は、この言葉を一生忘れることはできないと言っています。留学中も、帰国した折に先生の前で弾くと、「川畠はロンドンに行ってから成長したな」。それらすべてが、僕の背中を押してくれたんだと思います。

ヴァイオリンを始めて、今年でちょうど三十年になります。続けていく難しさは今も変わりませんが、ここ数年でしょうか。ようやく演奏することが楽しく感じられるようになりました。

音楽と、そして数えきれないほどの人によって救われた僕は今、音楽の喜びや楽しみをひとりでも多くの方に広げていくことも、大切な仕事の一つだと感じています。

音楽は人生と深く結びついている。たとえば、ある曲を耳にしたとき、その曲を初めて聞いた頃の自分の境遇や感情、情景などが頭に浮かんでくるということはあるでしょう。楽しい思い出であれ、辛い記憶であれ、自分が生きてきた道を思い出すことは、生きる力”永遠に道が開けない可能性は、常にあった。
でも、誰よりも家族のみんなが諦めなかった。“

になる。

イギリスにいた頃、とても嬉しかったのは、音楽が生活のなかに溶け込んでいることでした。コンサートホールはとても身近な存在ですし、ホールに行かないまでも町の教会ではしょっちゅうライブを演奏しています。子ども時代からこういう環境に育てば、僕のように演奏家を目指さないとしても、趣味で楽器を弾いたり、あるいは聴くことで安らぐなど、知らず知らずのうちに音楽が生きる力に結びついていくはずです。

楽器を作曲家と演奏家の魂が紡ぎ合う

とくに子どもの頃に、なんらかの体験とともに聴いた音楽の記憶は、ずっと心に残ると思っています。僕自身、そういう体験はいろいろありますが、とくに大きいのは、アメリカでの三か月間の入院生活でのことです。ギターを持って、毎日病室に来て歌ってくれる方がいた。その光景は、三十年以上たった今も、しっかり頭に焼き付いています。

毎年五月にグランドファミリーコンサートを開いています。グランドファミリー、つまり子ども、その親、祖父母の三世代が一緒に聴くコンサートで、今年でちょうど十回を数えました。クラシックは二百年、あるいは三百年もの昔からずっと残ってきている音楽です。どの世代も楽しめる分野だと思うんですよ。

そして、ヴァイオリンという楽器についていえば、音楽と同じく二百年も三百年も前に作られたものがたくさんある。私が使っているものも一七七〇年製です。素材は、ボディは木、ガット弦なら羊の腸。そうして奏でられる音楽には、自然に生息していたものたちの命があり、さらに作曲家の魂があり、僕なら僕の、演奏する人の今生きている魂がある。言ってみれば、魂が紡ぎあって、それを生きた人間が聴いて感じる音楽なんです。

とくに、機械を通さないライブのコンサートは、空間全体が命の塊です。そのときその場にいないと感じ得ないものが必ずある。

演奏には客席の空気も影響します。日本では、クラシックはどうも堅苦しくて難しい印象があるでしょう。物音を立てちゃいけないとか、ここで拍手をしてはいけないとか、客席のほうが緊張していたりする。でも、客席に緊張した空気が漂っていると、自分が表現したいものがなかなかお客さまの心まで届かない。僕がコンサートにトークを入れたりするのも、お客様に緊張感を取り払っていただきたいからにほかなりません。三世代が一緒のこのコンサートなら、リラックスして楽しんでいただける。そうしたら、子どもたちにとっても、クラシック音楽がもっと身近なものになると思うんです。

それに今、核家族化が進んで、家族揃って何かをする機会がどんどん少なくなっているでしょう。終了後にはみんなで食事をしたりお茶を飲んだりして、楽しい時間を過ごしてくれたら嬉しい。その光景は音楽とともに、ずっと記憶に残っていくと信じています。子どもたちにはぜひ、音楽のある生活を贈ってあげてください。

かわばた・なりみち

1971年、東京生まれ。8歳で視覚障害を負ったことからヴァイオリンを始める。桐朋学園大学卒業後、英国王立音楽院へ留学。1997年、同院を同院史上2人目となるスペシャル・アーティスト・ステイタスの称号を授与され首席卒業。1998年、東京サントリーホールで小林研一郎指揮、日本フィルハーモニー交響楽団との共演でデビュー。その後、英国と日本を拠点にソリストとして精力的な活動を展開している。今年、11枚目のCD『川畠成道　クライスラーを弾く』をリリース。近著に、『耳を澄ませば世界は広がる』（集英社新書）。

日本ユニシス・プレゼンツ「川畠成道ニューイヤーコンサート2012」が開かれます。平成24年1月29日（日）　13：30開演、紀尾井ホールにて。
問い合わせ：株式会社せきれい社　電話03-5414-5914（土日祝日休み）

子どもたちは今 保健室より

保健室は子どもたちにとって
大切な居場所です。
そこでは、担任の先生や親の前とは
違った顔を見せてくれます。
子どもたちの今を、
保健室よりお伝えします。

乳歯だから大丈夫とむし歯をそのままにする子ども

文◉井上優子・いのうえ・ゆうこ
東京都内の区立小学校で養護教諭
イラスト◉土田菜摘

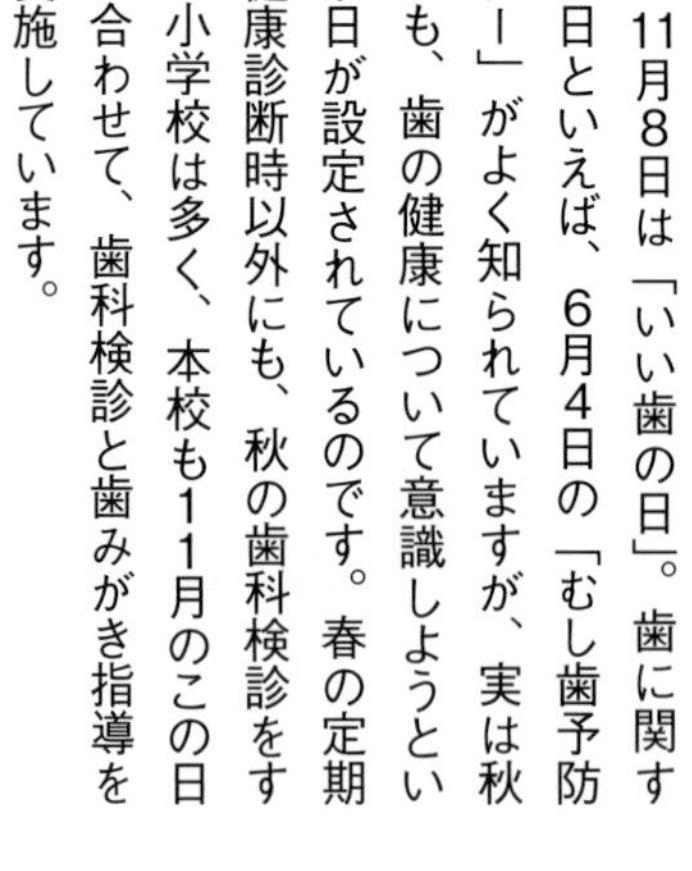

11月8日は「いい歯の日」。歯に関する日といえば、6月4日の「むし歯予防デー」がよく知られていますが、実は秋にも、歯の健康について意識しようという日が設定されているのです。春の定期健康診断時以外にも、秋の歯科検診をする小学校は多く、本校も11月のこの日に合わせて、歯科検診と歯みがき指導を実施しています。

昔と違い、歯医者さんとは「むし歯が痛くて我慢できなくなったから治療に行く」場所ではなく、「定期的に通って口腔の健康を保つ」ための場所になりつつあります。そんなわけで、むし歯が一本もなく、6年間ずっと表彰状をもらい続ける子どもが増えてきました。しかし一方で、十数本のむし歯をそのままにしている子どももいるというのが、最近の傾向です。

1年生の瑠奈ちゃんは、乳歯10本がむし歯で、笑うと黒く変色した歯が目立ちます。中には融けかけている歯も。「瑠奈ちゃん、むし歯たくさんあるけど、痛くないの?」「全然痛くないよ」「冷たいものが歯にしみない?」「あ、アイス食べたらキーンってなる」「治したほうがいいよね。むし歯を治しましょうっていうお手紙もらったら、歯医者さんに行かないの?」「ママが、子どもの歯は、どうせ抜けるから大丈夫って」

乳歯はいずれ抜けるから、むし歯になっても治療せずに放っておくという家庭が、少なからずあります。もちろん、後から生えてくる永久歯に悪い影響を与えますから、むし歯は乳歯だろうと永久歯だろうと、小さいうちに治療するのが最善なのですが。実は治療勧告をしても、なかなか受診率が100%とならないのが歯科なのです。校医さんに相談すると「保護者に、病気という意識がないのが問題でしょう」「そうですね。痛くなければつい後回しにして、忘れてしまうこともあるかも…。でも、それだけでなくて、完治するまでに何回も通わなければならないという時間的な問題もあるように思います」「だから予防が大切なんです。む

ココロとカラダの特集

親と子の 悩み相談コーナー

子育てに悩みはつきもの。
日々、子どもと接しながら、親として迷ってしまうのは当然のことです。
そんな時のヒントになるように、専門家にアドバイスを聞きました。

写真◉越間有紀子

的場永紋
まとば・えいもん
臨床心理士。葛飾区小学校スクールカウンセラー。草加市立病院小児科心理相談室、越谷心理支援センターでも心理相談を行なっている。

相談1

「ひきこもり」になる青年が増加していると聞きますが、自分の子どもが将来、そうならないか心配です。

「ひきこもり」とは、青年期に年齢相応の社会参加や対人交流をもたない、またはもてない状態のことをいいます。

お腹が痛い場合、すべて「腹痛」となりますが、その原因は食べ過ぎから虫垂炎、さらにはガンの場合もあり、様々です。そして、その原因によって対応はまったく異なるはずです。

「腹痛」と同じく、「ひきこもり」とはあくまでも状態を示す用語であり、その背景にある様々な原因に応じた個別の対応が必要になります。

ひきこもっている人の多くは、動きたくても動けない辛い状況ですが、なかには本人は困っておらず、家族が振り回されて困っている場合があります。そのような場合、たとえ本人が相談機関に行くことができなくても、家族が出向くことで、引きこもりへの対処法を相談することができます。

「ひきこもり」の原因は様々ですが、共通しているのは、家庭という閉じた空間で生じているということです。

子どもが引きこもってしまうと、親は子どもの問題を生活の中心にして過ごしてしまいがちです。こういう時、第三者が本人や家族と関わったり、親が自分自身に重点を置いて生活するよ

し歯になってから受診するのではなく、予防のために受診する。親がどれだけ関心を持っているかがカギになりますね」

確かに、子どものむし歯の有無が、保護者の意識の高さと無関係でないことはわかります。むし歯のない子どもたちに聞くと、自分で歯みがきをしたあと仕上げみがきをしてもらっていると答える割合がとても多いのです。まだ上手に歯みがきをすることができない低学年くらいまでは、保護者の仕上げみがきが、むし歯予防に大きな効果があるのではないでしょうか。

保健室には、歯の模型がいくつかあります。校医さんが歯みがき指導の際に使う大きな顎模型は、子どもの頭がすっぽりと入ってしまう大きさ。低学年だけでなく、高学年の子どもも、棚から出してはヘアブラシほどの大きさのある歯ブラシで模型をゴシゴシとみがき、楽しんでいます。意外に人気なのが、生え変わり時期の子どもの口腔模型です。歯肉の断面がはずれるようになっていて、乳歯の下に永久歯のもとがまるで種のようにいくつも並んでいるのが見られ、ちょっと気持ち悪いのがウケています。

「瑠奈ちゃん、これ見てごらん。瑠奈ちゃんの大人の歯も、こうやって生えるのを待ってるんだよ」「瑠奈も?わぁ～すごい!大人の歯って丸いの?」「まだ子どもの歯が上にあるから、歯の形になってないんだね。でも、子どもの歯がむし歯になってそのままにしておくと、ちゃんと生えてこられない時もあるの」「そしたら瑠奈はずっと子どもの歯?」「子どもの歯は抜けちゃうよ。だから元気な大人の歯が生えてくるように、むし歯は治しておかないとね」「ふう～ん。ママにお話してみようかなあ」

担任にも家庭への連絡をお願いし、後日瑠奈ちゃんは歯科医院を受診することができました。しかし、あまりに治療箇所が多いのと、かなり奥深いところまでむし歯になっているので、専門病院で大がかりな治療となったと聞きました。痛い思いや怖い思いをする前に、子どもたちが歯を大切にしようと思ってくれるには、まだまだ指導の工夫が必要だなあと検診のたびに実感します。

う心がけることで、家庭の風通しを良くすることができます。

これは「ひきこもり」に限ったことではなく、日頃から家庭に家族以外の人が出入りしたり、家族が外の世界との交流を深めるなど、家庭の風通しを良くして生活することは、子どもにとっても親にとっても大切なことです。そうした生活の積み重ねが「ひきこもり」の予防になるのかもしれません。

相談2

子どもが苦労しないように、親として子どもの進路を考えているのですが、言うことをききません。

親にとって、子どもの将来はとても心配なことだと思います。進路選択などの大きな節目では、子どもを案じるあまり、どうしてもいろいろ言いたくなってしまいます。しかし、思春期に差しかかる子どもは、それなりに自分の将来について考えているものです。それがまだしっかりしたものでなくても、本人の考えや希望をまず聞いてみることが大切だと思います。

子どもが言うことをきかないのはもどかしいでしょうが、子どもはそもそも親のいいなりにはならないものです。たった二歳の子どもですら、ちゃんと自分の意思をもっていて親に反抗します。親の言うことをきかずに、わざと足元の悪い地面を歩いて転んだりしながら、そうやって大きくなってきたわけです。

子どもの頃に失敗せずに、大きくなって突然挫折を味わった方が、立ち直るのに時間がかかってしまいます。子どもは失敗や苦労を経験して多くのことを学んでいきます。自分のした苦労を子どもにはさせたくないと思うのが親心ですが、親が子に想い描く幸せと子ども自身の幸せは案外違うかもしれません。

子どもの反発は、自分のやりたいことを自ら考え、幸せをつかもうとしている現れなのではないでしょうか。子どもの前に立って引っ張っていくのではなく、数歩後ろにいて子どものことを見守るつもりでいたいものです。

子どもと一緒に将来について話し合うことは、子どもだけでなく、親自身が自分の将来について考えるきっかけになるかもしれません。

子どもの 好奇心を刺激するGOODS 中

不思議だな、なぜだろう、面白い、もっと知りたいといった気持ちは創造力の源泉です。
最近はそういった子どもの好奇心を刺激する商品がいろいろ、開発されています。
知ること、学ぶことをテーマに長年、そういう商品を扱ってきたTHE STUDY ROOMの協力で
3回にわたって子どもが喜ぶ「好奇心GOODS」を紹介します

写真◉越間有紀子

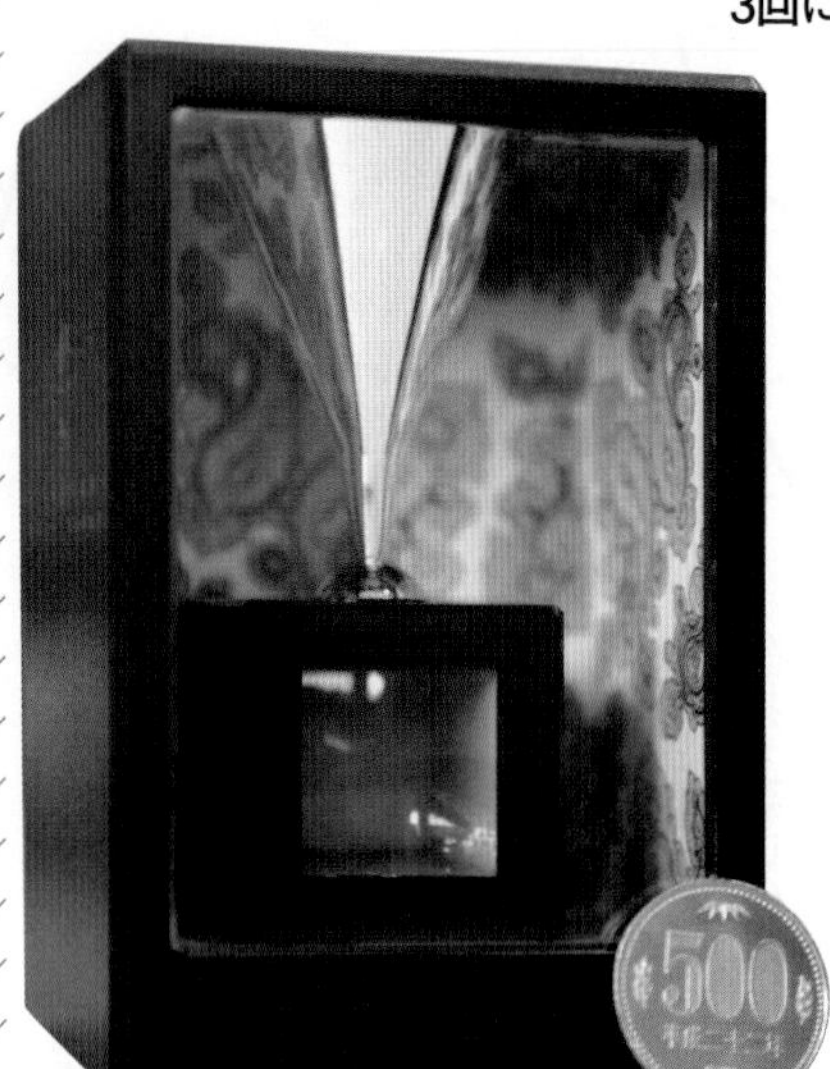

あれっ、コインが縮んだ、そんなはずは！

ミクロバンク　1029円

投入したコインが小さくなって小さな金庫に納まるという不思議な貯金箱。光のマジックです。その秘密を解き明かしてみてください。

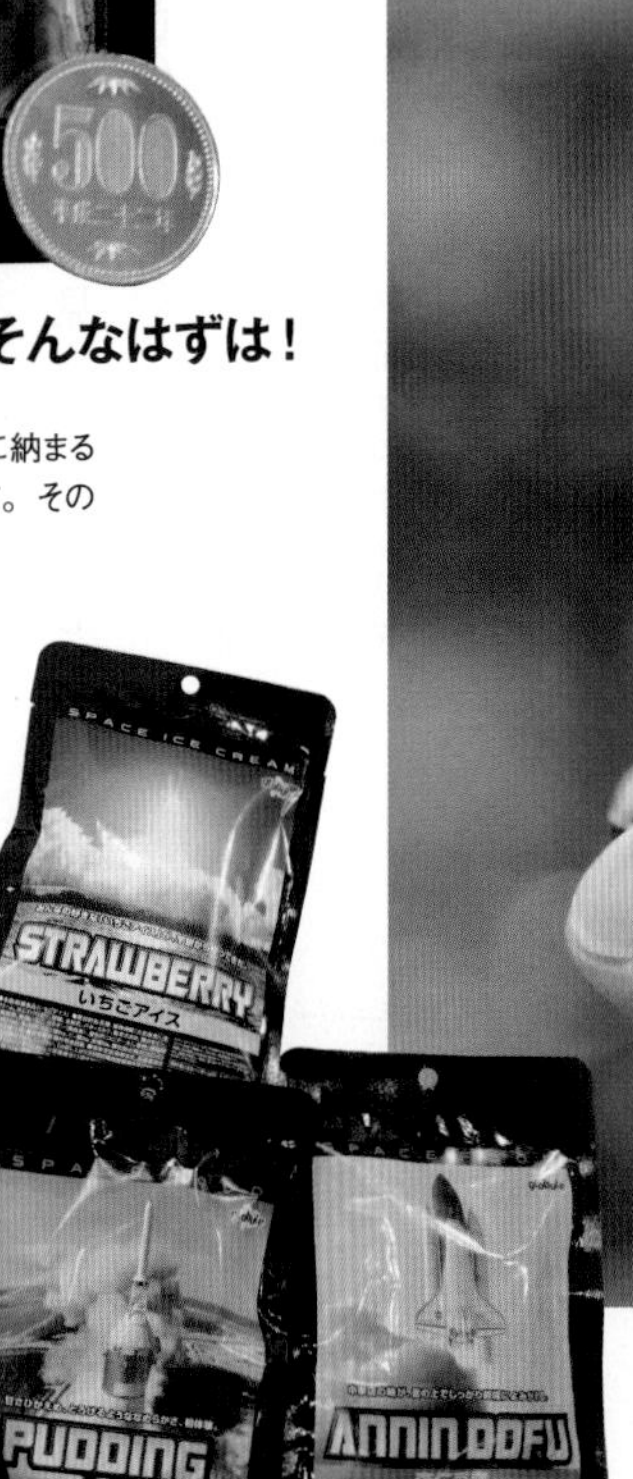

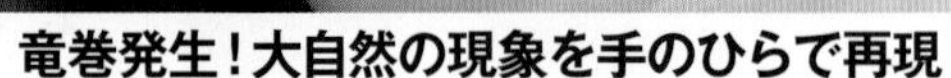

竜巻発生！大自然の現象を手のひらで再現

タイニートルネード　1260円

ちょっとコツがいりますが、うまく手を回すと目の前に竜巻を作ることができます。どれくらい長く竜巻を回せるか挑戦してみよう。

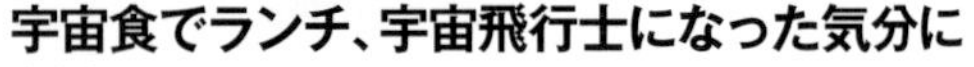

宇宙食でランチ、宇宙飛行士になった気分に

宇宙食　525円、630円

エビグラタン、たこ焼き、おもちを食べた後は、プリン、杏仁豆腐、いちごアイス。おもちには水、あとはそのまま。いろんな味をどうぞ。

ワンポイントアドバイス

できないと思ったことができると楽しい。いろいろなやり方に挑戦してください

自分のやり方でいろいろやってみるのが大事です。タイニートルネードは竜巻を作るのにちょっとコツがいるので最初はうまくいかないかもしれません。でも自分なりに工夫するそのプロセスを楽しんでもらいたいです。その結果、できたときの喜びは大きいです。子どもたちには、そういう体験をして欲しいと思います。（ザ・スタディールーム広報・藤井幹子）

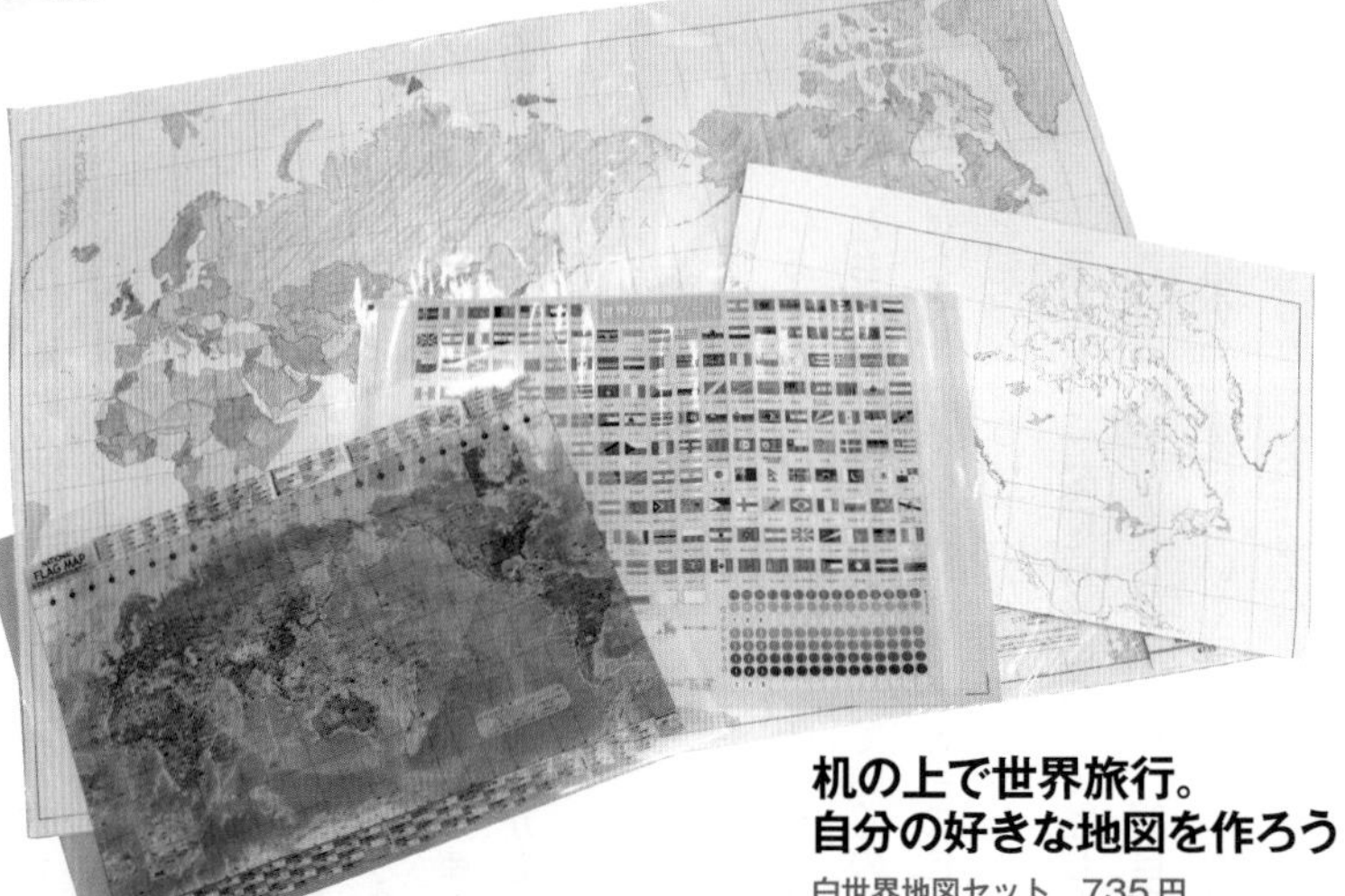

机の上で世界旅行。自分の好きな地図を作ろう

白世界地図セット　735円

白世界地図と世界の国旗シールがセットになっている。国を色で塗り分けたり、シールを貼ったり、国名を書き込んだり、自由に使えます。

注：価格はいずれも税込みです。

問い合わせ　THE STUDY ROOM 下北沢店　〒155-0031 東京都世田谷区北沢 2-36-2　ヒルズ下北沢 1F　電話:03－5478－8717

クローズアップ!!

Close up!!

SAKAEHIGASHI Junior High School

栄東中学校

埼玉県｜さいたま市｜共学校

自分で考え対応できる力を育てるアクティブ・ラーニング

来年で開校20周年を迎える栄東中学校は学校の歴史はまだ浅いながらも生徒自身が考える力を養うことで、東大をはじめとした難関大合格者を着実に増やしています。

SCHOOL DATA

所在地
埼玉県さいたま市見沼区砂町2-77

アクセス
ＪＲ宇都宮線「東大宮」徒歩８分

生徒数
男子301名、女子228名

TEL
048-667-7700

URL
http://www.sakaehigashi.ed.jp/

田中 淳子（たなか じゅんこ） 校長先生

【Q】御校の教育で最も重視されていることをお教えください。

【田中先生】 どんな世の中でも自分の考えをプレゼンテーションできる力を持ってもらいたいですね。そのためにアクティブ・ラーニング（詳しくは後述）に力を入れています。

その結果、中高の6年間で大きく変わる生徒をたくさん見てきました。実際、就職活動の時に「栄東でやってきたことが活きた」と報告に来てくれる卒業生が何人もいます。成績に関係なく、自分の意見をしっかりと発言でき、対応できる生徒が本校には多くいます。

【Q】２０１１年の入試でも東大に12名の合格者が出るなど、難関大の合格者数が増加しています。

【田中先生】「東大クラス」「難関大クラス」でそれぞれ希望に応じたカリキュラムを進めています。それ以上にアクティブ・ラーニングを中心に、生徒が自分で考えて対応できる力をつけていった結果が大学合格者数に結びついていると考えています。

【Q】御校の校風についてお教えください。

【田中先生】 学習に部活動に頑張る生徒が多く、さらに学校行事も目白押しですが、学校全体が非常にアトラクティブで自由な雰囲気にあふれています。高校生になっても、生徒たちはきちんとあいさつをします。生徒と教員の距離が近いことも特徴です。

【Q】御校を志望している、または受験を考えているという生徒のみなさんにメッセージをお願いします。

【田中先生】 夢を実現したいと考えている生徒さんに来ていただきたいです。今はまだ形になっていなくてもいいのです。本校は、6年間で夢を形にして実現するサポートを全力で行います。勉強も部活動もアクティブ・ラーニングも、そのための手段です。

不透明な世の中ですが、そういうなかでも、みなさんが自分の武器を活かして自己実現していけるようになっていただきたいですね。

「栄東に来て、あの先生に出会っていなかったら医学部の大学には入れなかった」と言ってくれた卒業生がいました。この卒業生にとっては、ここでその先生に出会ったことが「宝」といえる経験だったのでしょう。そういう出会いが大切なのです。本校には多種多様な経験をしてきた教員がたくさんいます。建学の精神である「人間是宝（にんげんこれたから）」。栄東では、その思いをすべての教員が持って、日々指導しています。

「知識」を「知恵」に変える 2つのアクティブ・ラーニング

1978年（昭和53年）に創立された高等学校に続き、1992年（平成4年）に開校され、今年で19年目を迎えた栄東中学校（以下、栄東）。

人間は誰もが素晴らしい資質を持った宝の原石であるという意味の「人間是宝」を建学の精神に掲げ、生徒の個性を尊重しながら、それぞれを本当の「宝」に育てあげることを目指した教育を行っています。

その教育の根本にあるのが「アクティブ・ラーニング」（以下、AL）です。

ALについて田中淳子校長先生は「中学、高校と学んだことを『知識』だけで終わらせるのではなく、どんな世の中でも通用するような『知恵』に変えていく。そして、生徒自身が将来自分はどう生きていきたいか、そのために自分の武器をどう活かしていけばよいかを積極的に求めていくのがALです」と説明されます。

では、このALをどう教育内容に反映させているのかというと、大きく分けてふたつあります。

ひとつ目は、「校内AL」です。これは全教科で行われています。例えば英語であれば、文法、語彙（ごい）、オーラルワークなどの基礎知識を授業で修得したあとに、その知識を使って文章や手紙を書いてみたり、英語でスピーチを行ったりしています。そうすることが、教科書の内容をより深く理解することにつながります。また、授業を通じて自分自身で考え、その考えを英語で相手に伝えることができたときの感動を大切にしたいと考えています。このような取り組みを中1から高2まで繰り返していくことで、将来世界で通用する知恵を育んでいきます。

また、ほかには中1で複数の保護者のかたにご自身の職業について語っていただく「ジョブ・コンテンツ」、中2で34歳の自分を想像して書く「20年後の履歴書」、中3では自分が考えて選んだテー

体育祭、文化祭、海外語学研修旅行… 年間をとおして学校行事が目白押し！

体育祭

文化祭

オーストラリア語学研修旅行（中3）

アメリカ語学研修旅行（高2）

学校行事

中高合同の体育祭と文化祭以外にも、球技大会や合唱コンクール、スキー教室など、年間をとおして、さまざまな学校行事が行われています。そして、中3のオーストラリア語学研修旅行と、高2のアメリカ語学研修旅行では、現地の人々とコミュニケーションをはかる場がたくさん用意されています。

校内と校外のあらゆる場面で行われる アクティブ・ラーニング

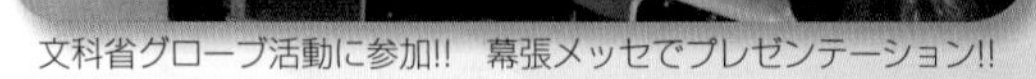

文科省グローブ活動に参加!!　幕張メッセでプレゼンテーション!!

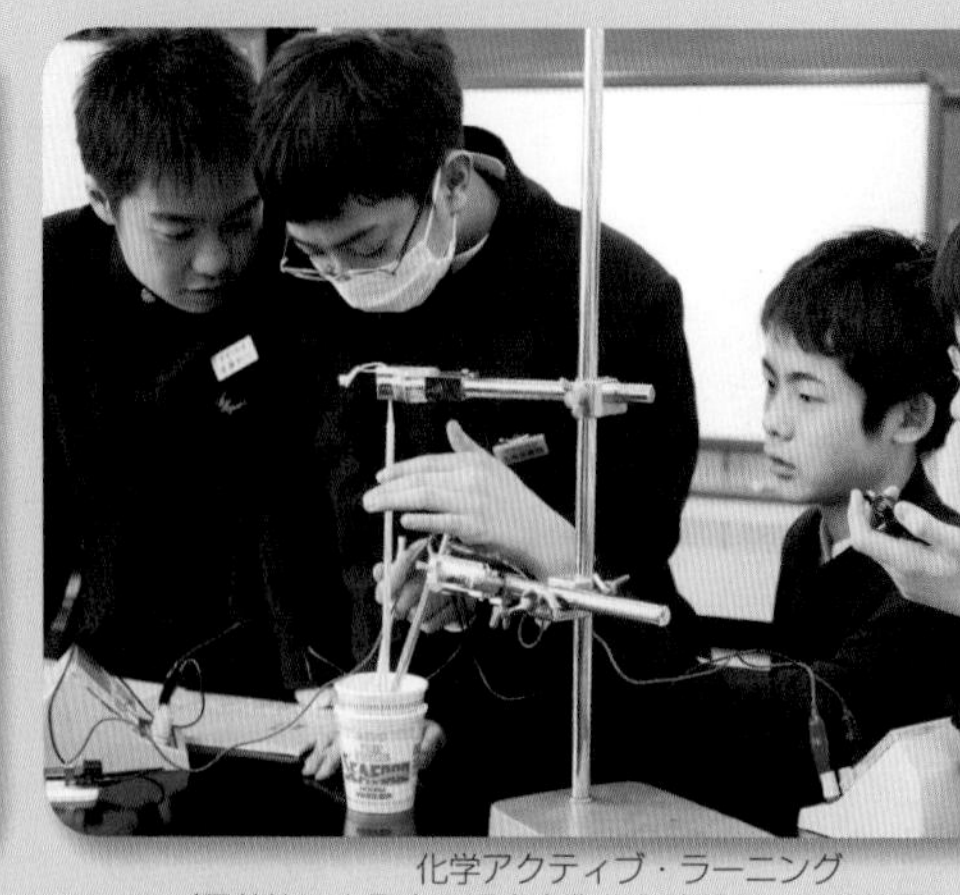

化学アクティブ・ラーニング
（電熱線による水の温度変化から時間ごとの発熱量を調べる）

箱根アクティブ・ラーニング（グループワークでプレゼンテーション）

アクティブ・ラーニング

各教科の授業はもちろん、箱根などでの合宿学習、火山学（三宅島）や津波学（気仙沼）を大学教授から学ぶサイエンス・パートナーシップ・プロジェクト（SPP）事業など、校内と校外のさまざまな機会をとらえてアクティブ・ラーニングは行われています。

千葉大学の教授と「三宅島の巡検から学ぶ火山学」

東北大学の教授と「気仙沼の巡検から学ぶ津波学」

マをもとに「卒業論文」の執筆と発表などがあります。こうした活動をとおして職業観を養ったり、考えや意見をまとめ、論理的にプレゼンテーションする力を育てます。

ふたつ目が「校外AL」です。栄東では、校外学習を非常に重要なALの場ととらえており、学年ごとに箱根（中1）、那須（中2）、佐久（中3）を訪れて合宿をします。このとき重要なことは、学校での「事前学習・調査」、現地での「体験」、帰校後に「事後のまとめ・発表」という3段階を必ずセットで行うことです。自分が決めたテーマに沿って事前に調べたことが実証される瞬間を体験し、それをまた検証するという流れを繰り返すことで、さまざまな物事に対する探究心や、論理的な思考力が養われます。

中高6年間をこうした環境のなかで過ごすことで、生徒たちは、どんな場面でも物怖じせずに自分の意見を発言し、行動できるようになっていきます。

生徒の進路希望をかなえる ふたつのクラス編成

そうしたなかで、生徒が考えた進路希望を叶えられるよう、栄東では「東大クラス」と「難関大クラス」を設置しています。両クラスのカリキュラムはほぼ変わりませんが、東大をはじめとする難関国公立大を目指す東大クラスは、そのなかで各教科における内容をより深化させていきます。

ふたつのクラスは、進級するごとに生徒の希望で入れ替わりがあり、高2でそれぞれ文系・理系に分かれていきます。また、医学部を志望する生徒はこのふたつとは別に高1から「医学部コース」（1クラス）に進むことができます。

特徴的なのは、難関大クラスに在籍する生徒の中にも東大に合格する生徒がいることです。田中校長先生は「部活動が非常に活発で、ほぼ100％の加入率です。高校になっても一生懸命続けるために難関大クラスを選ぶ子もいます。そういう生徒ほど、引退後は勉強へのモチベーションが高いのです」と説明されます。2011年も東大12名をはじめ、難関大に多くの合格者を出しています。

ALの教育内容でもわかるとおり、生徒の個性を重視している栄東の校風は、アトラクティブで自由な雰囲気にあふれています。若い先生も多く、生徒と教師の距離が近いこともその一因でしょう。

中高の6年間という大切な時間を満喫しながら、志望校合格、そして、社会に出てから必要な力を身につけられる環境が、栄東には用意されています。

加入率はほぼ100％！全国レベルの部活動も多数

野球部

チアダンス部

アーチェリー部

箏曲部

水泳部

クラブ活動

運動部、文化部ともに数多くのクラブがあり、どの生徒も懸命に打ち込んでいます。チアダンス部やコーラス部など全国的な知名度を誇るクラブがいくつもあります。

コーラス部

藤村女子中学校

「新たに適性検査入試を導入」

2012年に80周年をむかえる藤村女子中学校。建学の精神に基づいた女子教育を行いながらも、さまざまな新しい試みにチャレンジしています。その藤村女子が2012年度、新しく「適性検査入試」を導入します。藤村女子の「適性検査入試」、都立中をめざす受験生はぜひ注目です。

1 「知・徳・体」の調和のとれた女性を育成

藤村女子の創立者、藤村トヨ先生は女子教育・女子体育教育の草分け的な存在として知られており、開校にあたり、建学の理念を「女子の心身の育成と徹底した徳性の涵養」におきました。現在でもその精神は引き継がれ、知識ばかりに偏りがちである教育環境において、健康的な心身の発達と個性の伸長を重視し、「知・徳・体」の調和のとれた全人教育が実践されています。

授業は1日50分6時間で行われ、週6日制です。中学期においては、基礎学力修得期として、とくに数学や英語の基礎教科で、習熟度別授業や学力発展講座、八ヶ岳勉強合宿などが用意されています。また、科目によって進度がすぐれない生徒に対しては、補習が行われるなど、生徒一人ひとりにあったきめ細かい指導で、基礎学力の定着に力が注がれています。

高校からは「総合コース」と「スポーツ科学コース」の2コースがあり、「総合コース」には国公立大や難関私立大をめざす特進クラスが2010年に設置されています。特進クラスでは、特別講座などが用意され、学力をじゅうぶんに伸ばすことができます。

また、学習するうえで、欠かせない存在となっているのが学習センターです。今年から専任の先生が常駐し、大学生のチューターといっしょに、放課後、生徒の勉強をみます。中学生のうちは、学習習慣が身につき、高校からは、自分の進度に合わせた学習を行うことができるのです。学習センターでの勉強はつねに学校の授業を中心として行われるため、理解度の定着に効果があります。

今年、これまで部活動がほぼ禁止だった特進クラスでも部活動によっては可能となり、生徒たちはより生きいきとしてきました。部活動で思う存分に身体を動かし、部活動のない日には、学習センターで集中して勉強をするのです。このサイクルができたことにより、実力が大幅に伸びた生徒もいます。こうした教育が身を結び、ここ3年間では、早大、上智大、国際基督教大をはじめ、MARCHなどの難関私立大への進学者を輩出しています。

建学の精神を大切にしながらも、現代に合わせた教育を実践するために、つねに新しいことにチャレンジしている藤村女子。その次なる試みとして、来年度の入試で「適性検査入試」を行うことが決まりました。これは、本来の学力試験ではなく、公立中高一貫校のような「適性検査」でもって入試を行うというもので、2月1日に行われます。

この適性検査入試について、坂田敬一校長先生にお話をうかがいました。

2 都立だけではもったいない その実力を伸ばしたい

――適性検査入試を実施しようと思われたきっかけを教えてください。

坂田先生「都立の中高一貫校だけ受験して落ちてしまった子どもがそのまま公立中学校に進み、高校受験をするのはもったいないと思うのです。本校は高校募集も行っておりますが、やはり3年より6年かけて子どもを育てたいという思いがあります。適性検査の対策しかしてこなかった子どもでも受けられる私立の試験を準備することで、新しい受け皿になれると思ったからです。適性検査は学力だけで推し量れないよい部分を見つける入試でもあります。もしも、都立の中高一貫校がダメだったとしても、有望な人材はいるはずです。伸びる可能性をもった子どもを本校でより伸ばしていってあげたいのです」

――学力検査ではない、適性検査型の問題を作成するのは先生がたも初めてで大変なのではないでしょうか。

坂田先生「問題作成に時間をかけるために早めにスタートしています。融合問題ですので、算数は算数の先生だけがやっていればよいということにはなりません。そのため、ひとつのテーマを決めて、各教科の先生たちが問題を持ち寄るというかたちをとっています。例えばですが、本校が吉祥寺にあるので、『吉祥寺』をテーマとするならば、社会なら吉祥寺周辺の地理だったり、算数であれば商店街でのこと、理科であればそこで売っている植物などという風に問題を作成しています。

問題作成については、都立中高一貫校と同じ観点になるので、大事なのはその試験でどんな力を見るのかということです。藤村女子としては、小学6年生までの学力がきちんとついているのかということと、学校のなかだけで教えられていない、子ども独自の観点が見られるとよいなと感じています」

――受験されるご家庭について、都立の中高一貫校を第一志望とされているかたが多いと思うのですが、そのあたりはどのようにお考えでしょうか。

坂田先生「近隣の都立中高一貫校では、武蔵高附属中や三鷹中等教育学校があげられます。ただ、公立の中高一貫校と私どものような私立中学とは教育方針が大きくちがいます。私どもでは長年培った6年一貫教育で、ていねいに子どもたちを育てていきます。また、本校は部活動がとてもさかんですので都立の中高一貫校よりも部活動ができるというメリットもあります。より勉強したいという生徒にとっては、高校になれば特進クラスもあります」

――御校の都立中高一貫校とちがうところ、似ているところがあれば教えてください。

坂田先生「大きくちがうところは土曜日にも授業があるということです。ですから、主要3教科については授業時数が多くなっています。とくに英語の時間は多くなっています。また、アドバンスト講座という講座を設けています。通常の授業以上にもっと勉強したいという生徒のための講座です。学習において手厚いサポート体制が整っています。似ている面では、本校は部活動が非常にさかんであることと、運動会や文化祭などの行事が多いところです」

――適性検査入試はいつ、どのようなかたちで行われるのでしょうか。

坂田先生「いわゆる都立中高一貫校の適性検査と同じような問題で、ⅠとⅡがあります。それぞれ各45分で、１００点満点です。Ⅰは算数や理科、社会を取り入れた複合問題で、Ⅱは国語の問題になる予定です。適性検査入試のみ受験料は６０００円となっています。また、この入試ではプレミアム判定を行います」

――プレミアム判定とはどういったものなのでしょうか？

坂田先生「成績がよければ年間の授業料相当の奨学金をだすというもので、プレミアムAなら年間授業料相当の奨学金、プレミアムBなら年間授業料半額相当、プレミアムCなら10万円の奨学金（入学時のみ）となっています」

平成24年度　藤村女子中学校入試日程

		適性検査入試	1日午前入試	2日午前入試	2日午後入試	3日入試	4日入試
募集人員		10名	30名	20名	10名	5名	5名
願書受付		1/20㈮～試験前日					
試験日時		2/1㈬ 8:30～	2/1㈬ 8:30～	2/2㈭ 8:30～	2/2㈭ 15:00～	2/3㈮ 8:30～	2/4㈯ 8:30～
試験内容		適性Ⅰ・適性Ⅱ	国・算２科または国・算・理・社４科				
		適性Ⅰ・適性Ⅱ　各45分	国語・算数各50分、理科・社会２科60分				
		適性Ⅰ・適性Ⅱ　各100点	国語・算数 各100点、理科・社会　各50点				
合格発表		2/2(木)14:00	試験当日14:00		試験当日19:30	試験当日14:00	
入学手続		2/9㈬	2/3㈮	2/4㈯	2/4㈯	2/6㈪	2/6㈪

※受験料２万円（複数回受験可能）ただし、合格後はプレミアム入試のみに適用となります。
※適性検査入試のみの場合の受験料は６千円。
※面接はありません。　※願書受付は日曜祭日は受け付けません。

森上教育研究所 **森上展安** 所長

建学の精神を活かしつつ つねに新しいことへ挑戦

藤村女子は、勉強だけでなく部活動や行事が非常にさかんな学校です。そして新しいことにどんどんチャレンジしていく活気を持っています。今回も「適性検査入試」を導入するなど、これまでの80年近い伝統を活かしつつも、つねに新しいことに挑戦しつづけている学校です。

藤村女子中学校　SCHOOL DATA

住所 東京都武蔵野市吉祥寺本町2-16-3
TEL 0422-22-1266
URL http://www.fujimura.ac.jp/
アクセス JR線・京王井の頭線・地下鉄東西線「吉祥寺」徒歩5分

学校説明会
12月3日（土）10:00～

中学個別相談会 ※要予約
1月7日（土）
13:00～16:00

藤村予想問題解説会 ※要予約
11月23日（水・祝）9:00～

Go!Go! 志望校 第7回

さがみの雰囲気をまるごと感じる!

東海大学付属相模高等学校中等部「オープンキャンパス」

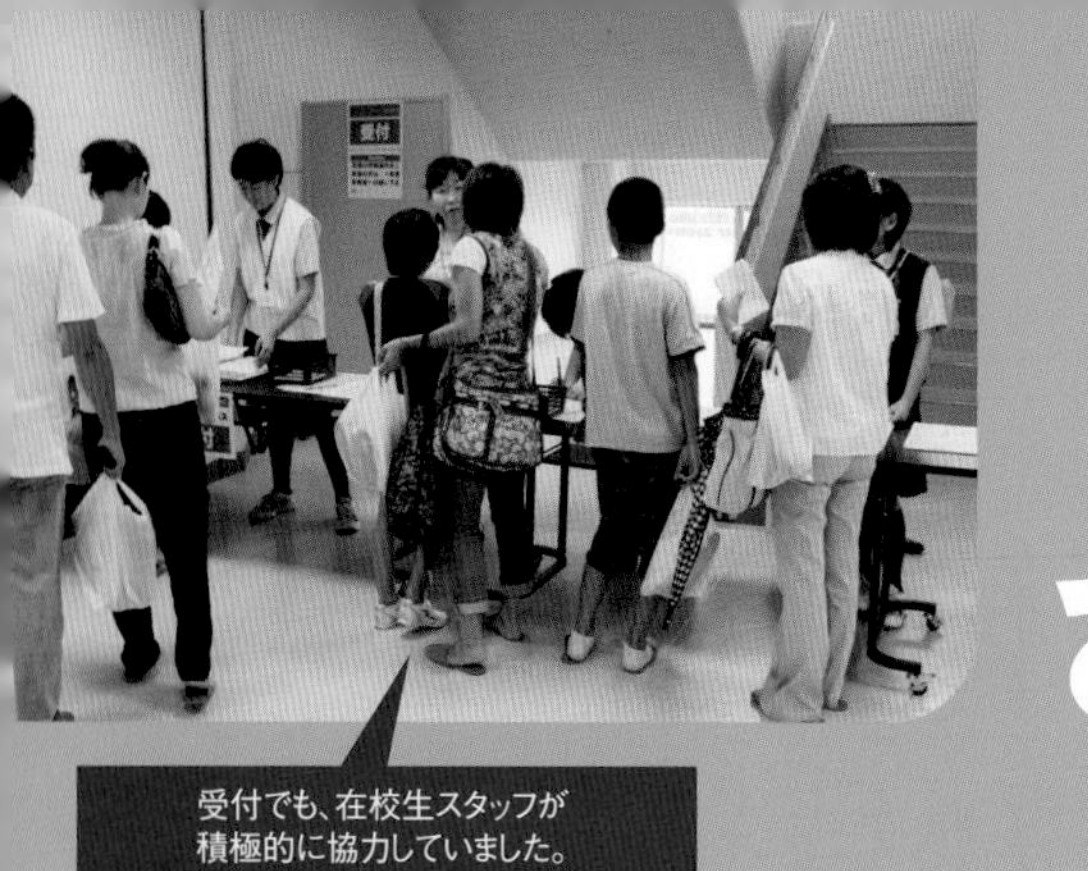
受付でも、在校生スタッフが積極的に協力していました。

9月17日土曜日、東海大学付属相模高等学校中等部（以下、東海大相模中）でオープンキャンパスが行われました。東海大相模中のオープンキャンパスは、さまざまな体験学習に加え、学校説明会と問題解説会に参加できるという盛りだくさんの内容で、この日も多くの受験生からの応募がありました。

東海大相模中は、小田急相模原駅から歩いて8分ほどの場所に位置しています。駅から校舎に着くまでは、在校生が看板を持って道案内をしてくれていました。「おはようございます！」という元気な挨拶で、参加者のみなさんを迎えます。

大ホールでは在校生がプレートを持って案内してくれます。

会場に着くと、大ホールで当日の流れが説明され、また講座を担当する先生方の紹介が行われました。そのあと在校生スタッフの誘導で教室に移動し、体験学習の始まりです！

講座を楽しみながら在校生とも交流

講座は、全部で11種類も用意されていました。自分で作品を手作りできる講座が特に人気だそうです。また、どの講座でも、在校生がスタッフとしてお手伝いをしてくれます。そういったところも、オープンキャンパスにおける魅力のひとつです。

女の子に人気がある家庭科の講座では、細いリボンを編んで、キーホルダーをつくりました。途中で困っている小学生がいると、在校生のスタッフがすぐそばに来て編み方を教えてくれます。スライムをつくる理科の講座でも、在校生が大活躍。材料の混ぜ方を丁寧に説明し、うまくできないときには、隣について指導してあげていました。

この日、オープンキャンパスに協力してくれた在校生スタッフは、なんと126名。どの生徒も自分から積極的に協力しているそうです。中等部の江﨑雅治教頭先生が、「東海大相模中では、こうした行事に協力させて恥ずかしいような生徒はいません！」とおっしゃるように、どのスタッフもハキハキと挨拶し、小学生への対応も心がこもった優しいものでした。

体験学習が終わったあとは、教室

社会の講座では、古代文字を書けるようになりますよ!

在校生と数学ゲームで勝負だ!

パソコンでかわいい名刺をづくります。

人気の理科は、蓄光材を使った光るスライムづくり。

材料を慎重に混ぜていきます。

を移動して問題解説会が行われました。東海大相模中の過去問を使用して、先生たちから実際に指導を受けることができるのです。人気なのが算数の解説会で、すぐに枠が埋まってしまうそうです。

受験生たちが問題解説を受けている間に、保護者の方は大ホールで学校説明会に参加できます。中高での学習システムについてはもちろん、東海大まで続く独自の10年一貫教育についてなど、学校の特徴を知ることができます。

問題解説会終了後、全体では解散となりますが、希望すれば部活見学と校内見学をすることができます。さらに、個別に入試相談ができるブースも設けられていました。

普通の学校説明会とはちがい、どんな先輩がいるのか、そして、どんな先生がいるのかも感じることができるオープンキャンパス。学校の雰囲気を感じ取るには絶好の機会です。東海大相模中では、毎年6月と9月にオープンキャンパスを開催しており、事前にホームページからの申し込みが必要です。人気の講座はすぐ定員に達してしまいますから、早い時期からチェックしておきましょう！

在校生がリボンの編み方を教えてくれます。

東海大相模中でどんな授業が行われるか実感できる問題解説会。

School Data

東海大学付属相模高等学校中等部

所在地:神奈川県相模原市南区相南3-33-1
アクセス:小田急線「小田急相模原」徒歩8分
T E L:042-742-1251
ホームページ:http://www.sagami.tokai.ed.jp/
学校説明会:11月27日(日) 10:00～12:00
12月18日(日) 10:00～12:00
予約不要・上履きをご持参ください。

国府台女子学院中学部・高等部
所在地：千葉県市川市菅野3-24-1
アクセス：JR総武線「市川」徒歩12分、京成本線「市川真間」徒歩5分
生徒数：女子のみ612名
電　話：047-322-7770
U R L：http://www.konodai-gs.ac.jp/

全員集合

部活に注目！

国府台女子学院のクッキングクラブを見学してきました。終わったばかりの学院祭（文化祭）の様子や、普段の活動ではどんなものをつくっているのか聞いてきました。

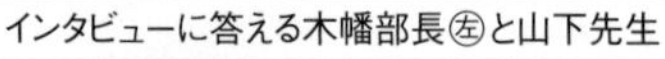

インタビューに答える木幡部長㊧と山下先生

国府台女子学院中学部・高等部 クッキングクラブ

部長　木幡理彩さん
顧問　山下梢先生

料理が好きで自宅でもつくっています

――どうしてクッキングクラブに入ろうと思ったのですか。

木幡さん「小学生のときから料理が好きだったので、中学生になってすぐに入部を決めました」

――実際入ってみてどうでしたか。

木幡さん「先輩も優しくて、入ってよかったなと思いました」

――これまで作った料理でおいしかったものは何ですか。

木幡さん「ババロアです！　これだけは忘れません！　いっぱいつくって、食べました」

山下先生「夕飯食べられないくらい食べたよね（笑）」

――難しいものや、つくりたいものは。

Cooking Club

木幡さん「シュークリームの皮を膨らませることが難しいですね。自宅ではつくるのですが、まだ学校ではつくっていないので、いずれやりたいと思っています」

山下先生「よく木幡さんは、自宅でつくって学校に持ってきてくれるんです」

——調理するお菓子はどうやって決めるのですか。

木幡さん「あらかじめ部員につくりたいものを聞いて、つくる時間と材料費とを考えて、私と先生が話しあって決めます。中学生でもつくれるかという点も考えて決めています」

——ごはんなどはつくらないのですか。

木幡さん「普段、ごはんはつくらないのですが、昨年、タイの留学生が入部してくれて、タイ料理と日本料理をお互いつくって食べました」

——クッキングクラブの活動を発表する場は学院祭になりますか。

木幡さん「はい。マドレーヌの抹茶味とブラウニーと焼きドーナツをつくり販売しました。昨年と比べて今年は売れ行きがすごくよかったです。行列ができるほどで、150個ほどつくったのですが、初日は30分、2日目は10分で売り切れてしまいました。毎年、学院祭の売り上げはWFP（国連世界食糧計画）に寄付しています」

——将来の目標を教えてください。

木幡さん「料理が好きなので、大学に進学して栄養士の資格を取りたいと思っています」

学院祭での販売

おいしくなあれ

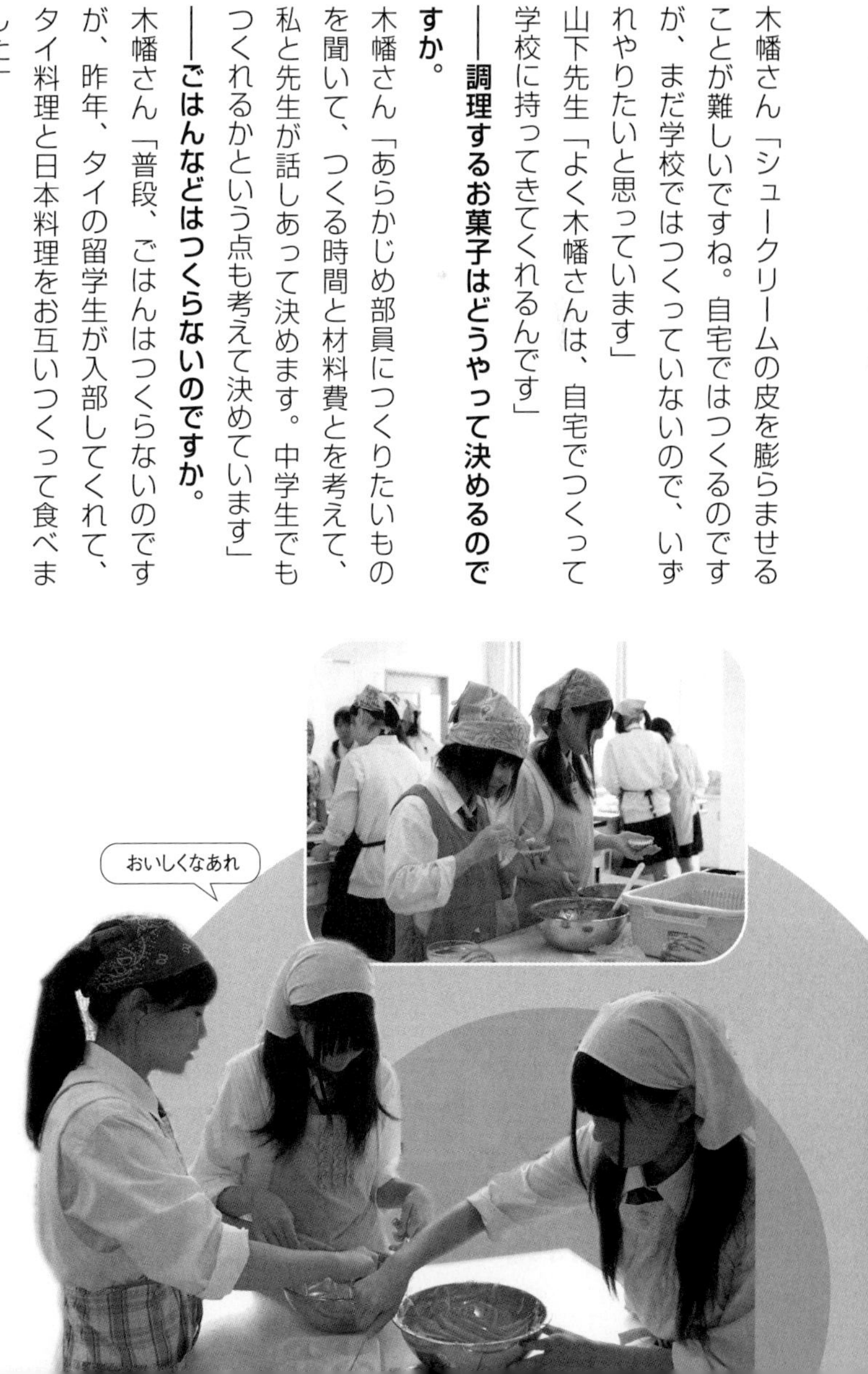

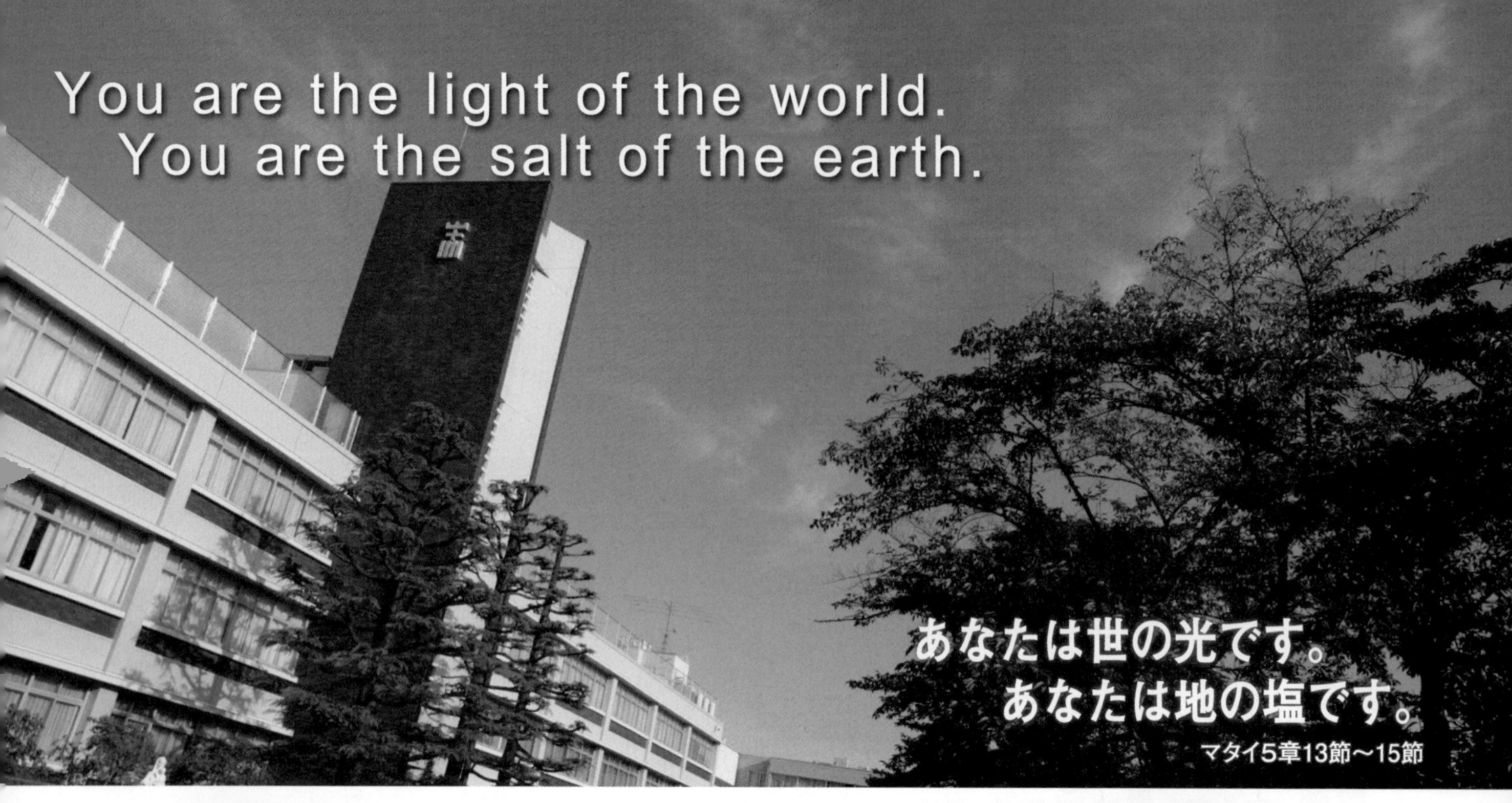

You are the light of the world.
You are the salt of the earth.
あなたは世の光です。
あなたは地の塩です。
マタイ5章13節～15節

そのままのあなたがすばらしい

入試説明会
［本学院］ ※申込不要

11.20（日）
14：00～15：30
終了後 校内見学（～16：00）

校内見学会
［本学院］ ※申込必要

11. 5（土） 10：30～11：30
2012 1. 7（土） 10：30～11：30（6年生対象）
2012 1.21（土） 10：30～11：30（6年生対象）

【申込方法】
電話で「希望日」「氏名」「参加人数」をお知らせください。

過去問説明会
［本学院］ ※申込必要

12. 3（土）
● 6年生対象
14：00～16：00（申込締切 11/24）

【申込方法】
ハガキに「過去問説明会参加希望」「受験生氏名（ふりがな付）」「学年」「住所」「電話番号」、保護者も出席の場合は「保護者参加人数」を記入し、光塩女子学院広報係宛にお送りください。後日受講票をお送りいたします。

公開行事
［本学院］ ※申込不要

［親睦会（バザー）］
10.30（日） 9：30～15：00
生徒による光塩質問コーナーあり

2/4（土）に総合型入試を実施いたします

光塩女子学院中等科

〒166-0003 東京都杉並区高円寺南2-33-28 tel.03-3315-1911（代表） http://www.koen-ejh.ed.jp/
交通…JR「高円寺駅」下車南口徒歩12分／東京メトロ丸の内線「東高円寺駅」下車徒歩7分／「新高円寺駅」下車徒歩10分

世界に目を向けるきっかけがある。

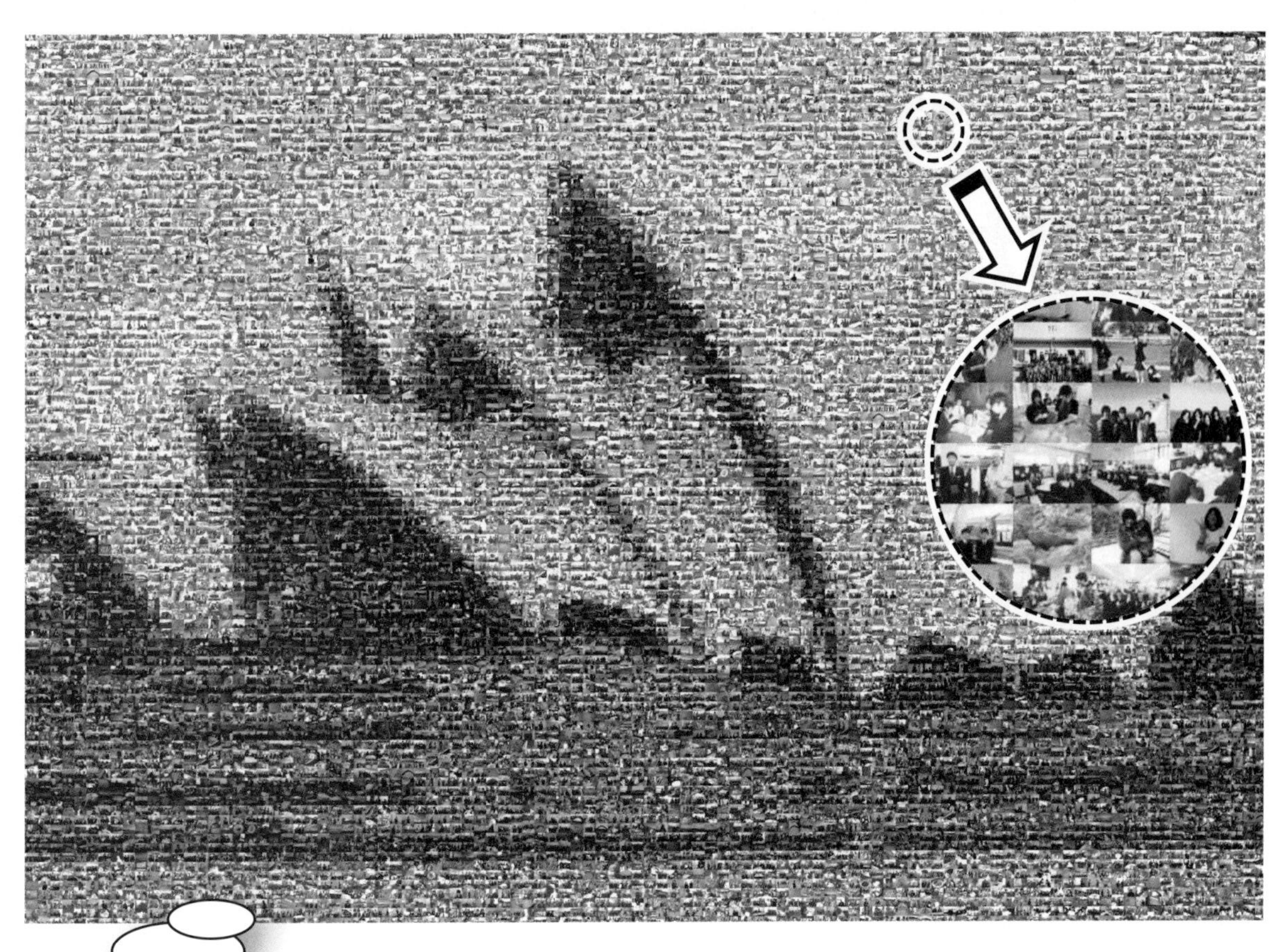

平成23年度の海外異文化体験研修のときに
撮影された写真で作った、写真アートです。
本校中学校校舎に、実物を展示してあります。
ご来校の際には、是非ご覧になっていってください。

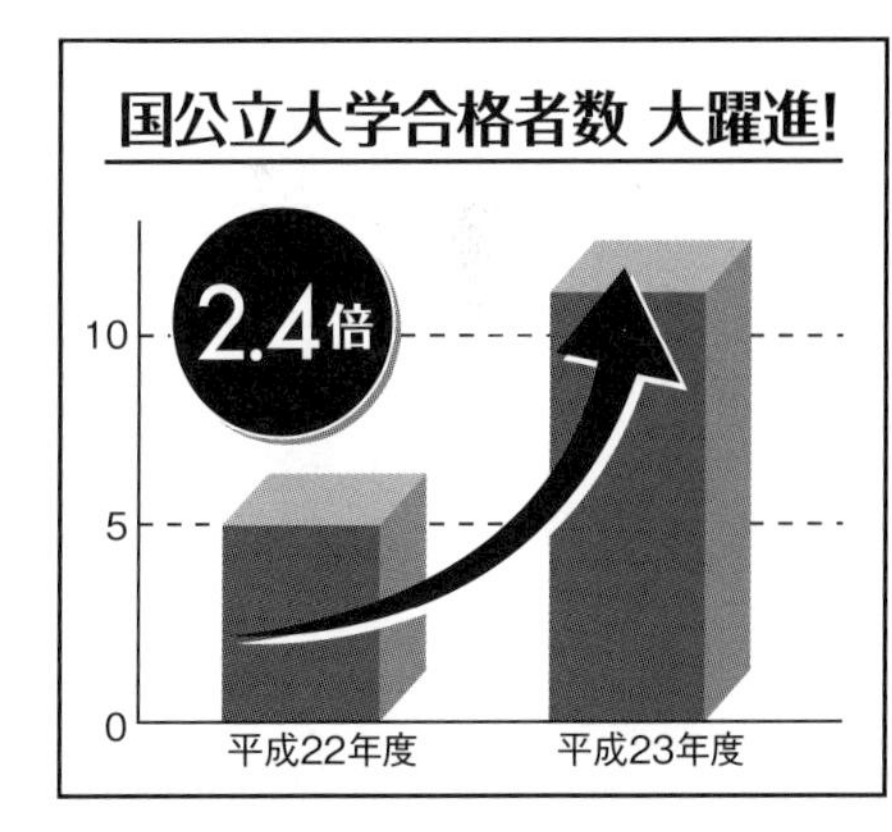

~どうぞご来校ください。伸びる理由が分かります。~

学校説明会 会場:本校(予約不要)

第4回 11月10日(木) 10:00~
第5回 12月 3日(土) 10:00~(入試本番模擬体験)
第6回 1月14日(土) 14:00~(入試直前10点アップ講座)

■学校見学は随時受付中 ■詳細はHPをご覧下さい

スクールバスが開通します。

京王線**北野**駅
JR**八王子**駅 より

※JR・西武拝島駅よりスクールバス運航中

中下位校受験者の減少傾向から学校側が抜け出す方策はあるか

数年の経年変化で見ると受験者数を維持できる学校と、大幅に減少する学校が鮮明だ。偏差値55以上が維持派、それ以下が減少派である。

もちろん、個々の人気、不人気はある。けれども平均値ではそうなっている。偏差値イコール大学合格実績だから、有名私大への出口で相対的に見劣りする私立中高一貫校は、受験生減が%で前年比2ケタ減だ。

バブル崩壊の90年代にも同じことが起きたが、そのときは中下位校の大学合格実績は見るべきものがなかった。しかし、現在の中下位校は違う。有名大学実績を以前に比べて相当程度出しているのだ。費用対効果（大学合格実績）はよくなっているにもかかわらず人気が追いつかないのは受験生側の要求が高くなっているとも言えようし、大学の合格水準が緩やかになっているとも考えられる。

しかし、それよりもなによりもこの30年間の中高一貫校人気で、すっかり受験界の出口評価＝学校評価が浸透し、学校の序列化が受験偏差値によって促進したことが大きい。

一方、公立一貫校である都立白鷗が今春から大学合格実績を出し始めたが、その上位大学合格実績は私立の序列の中堅校に匹敵するものだった。このことは公立一貫校の進学パフォーマンスのよさも示しているものの、これが私立の中下位不人気にひと役買った可能性もある。

私立校の武器となるのは生徒個々人への対応力

公立一貫校の入学選抜は、いわゆる適性検査という学力試験である。そのことによって偏差値序列から免れるうえ、そもそも準備教育のコストを節約できる。入学金・授業料も無料、出口もよい、ということになれば私立の中下位校は人気のうえで太刀打ちできない。

では私立の中下位校の優位性はまったくないのか、というと実はそうとも言えない。それは公立の入学選抜は抽選クジにあたるような不確実さを常に前提としている。

私立の選抜は基準を明確に打ち出せる。合否を予測しやすい。費用については準備教育コストとしてはそうかけなくともよいが、入ってからのコストに見合うものはなんといっても生徒一人ひとりの個人仕様の徹底である。そのことが実に大きい。

私立の中下位校序列を意識させないだけの教育資源の供給を個人ベースで提供することを約束できればコ

中学受験WATCHING

NAVIGATOR

森上 展安
もりがみ・のぶやす
森上教育研究所所長。
受験をキーワードに幅広く教育問題をあつかう。
保護者と受験のかかわりをサポートすべく「親のスキル研究会」主宰。
近著に『入りやすくてお得な学校』『中学受験図鑑』などがある。

ストは十分に引き合うのである。

ところで、私立の中下位校でも適性検査型の入試を行うところが増えてきた。つまり、入試準備コストの節約はできる。したがってこれらの学校は、いかに入学後の教育で個人ベースでの組み立てを徹底できるか、そこにその人気上昇がかかっていると筆者は考える。

暁星国際学園では「ヨハネ研究の森コース」という徹底した個人ベースの中等教育を実現している。ここでは学年の枠を取り払ったような大胆な取り組みを実践している。そこまでではなくとも例えば広尾学園、宝仙学園理数インター、東京都市大学等々力の今春入試での人気ぶりの理由の一端は、個人へのフォローをシステムとして強く提示しているからではないだろうか。

中学受験の、現在の勉強はいささかハードであり、そのハードさに耐えられるだけの受験生が、確かに難関を突破していく。しかし、彼らは受験生の20～30%に過ぎないのではないだろうか。残りの70～80%は、ただカリキュラムについていくだけで、事実上、こなしきれていないのではないか。

塾は合格させていくらであるが、学校は6年後に備えなくてはならない。人気校に向けた個人対応の学校づくりが進めば、塾も個別対応で、より実績が出せるように思う。

■KEY WORD

●出口

私立中学受験、高校受験の独特の用語として「入口」、「出口」という言葉が使われる。

学校を評価するとき、「入口」というのはその学校に入る入学試験時の学校偏差値や難度のこと。

「出口」とは、その学校を卒業するときの大学合格実績をさす。

「入口」に比べ「出口」の実績がよければ、受験生の人気があがるバロメーターとなる。

◇

●都立白鷗高附属中の大学合格実績

都立白鷗高附属中は、この春（平成23年度）に初めての卒業生を送り出したが、国公立大学合格47名。このうち難関国立大に東大5名を含む10名合格という、初年度としては非常に高い合格実績を出した。

来春以降、白鷗中を含め、続く都立小石川中などの大学合格実績に注目が集まっている。

開智中学校

東大現役13名合格！グングン伸びている開智の入試

様々なタイプがあり最難関併願校としても最適

今年、東京大学に現役で13名（卒業生235名）の合格を出すなど、大学進学実績を伸ばしている開智中学・高等学校では、先端創造クラスをはじめとして、生徒が主体的に取り組みユニークな授業が展開されています。今回はその開智の入試を紹介します。

4回の入試の特徴

開智では、問題の傾向や難易度の違う入試を行うことによって、様々な個性を持った受験生が入学できるようにしたいという学校側の考えから、第1回、先端A、第2回、先端B（実施順）という、合計4回の入試を実施しています。それぞれの入試の特徴は以下のようになっています。

・第1回入試…1月11日（水）実施

一貫クラスの募集を行う第1回入試は、都内難関上位校併願者向けの問題レベルとなっています。4回の入試の中で最も多くの合格者を出しているので、毎年多くの受験生が受験してきます。今年も最も多くの受験生を集め、最も多くの合格者を出すと見られています。

・先端A入試…1月12日（木）実施

第1回入試の翌日に行われる先端A入試は先端創造クラスの募集を行うもので、思考力や記述力を見る、質の高い問題が多く出題されます。これは、都内の御三家など、最難関校併願者向けのレベルとなっているためです。また、この回のみ、本校の他にさいたま新都心でも入試を行っています。なお、**合格者は全員特待生となります。**

・第2回入試…1月15日（日）実施

第1回入試と同じく一貫クラスの募集

開智中学校　学校説明会、入試問題説明会日程

学校説明会	11/19(土)	10：00～11：30 [学校見学（希望者）は11：30～]	東岩槻駅北口より送迎バス運行（無料） 往路 9:15～10:15　復路 11:40～12:40
入試問題説明会	12/3(土)	14：00～15：30 [教育内容説明 15：30～16：10]	東岩槻駅北口より送迎バス運行（無料）

開智中学校　入試日程

	試験日	会場
第1回	1/11(水)	本校
先端A	1/12(木)	本校
		さいたま新都心
第2回	1/15(日)	本校
先端B	1/23(月)	本校

合格発表は試験当日　午後9時30分（インターネット）

開智未来中学校　入試日程

	試験日	会場
第1回午後	1/10(火)午後	さいたま新都心
第2回午後	1/11(水)午後	さいたま新都心
		開智中学校
未来選抜	1/12(木)午後	さいたま新都心
		開智中学校
第4回	1/20(金)午前	開智未来中学校 大宮

合格発表は試験当日（インターネットのみ）

を行う第2回入試ですが、問題の難易度としてはより標準的なものとなっており、開智を第一志望と位置づける受験生には一番適した入試と言えます。

・先端B入試…1月23日（月）実施

先端創造クラスの募集を行う先端B入試は、都内難関上位校併願者向けの問題レベルで、第1回入試よりも、若干難易度は高めになっています。なお、最終回となる先端B入試では、他の入試にはない特徴があります。①先端創造クラスだけでなく、一貫クラスへのスライド合格判定も行います…先端創造クラスへの合格点に達しない場合でも、一貫クラスへは合格ということがあります。②他の回の入試結果も参考にします…先端B入試で合格点に足りなくても、その他の回で健闘していれば、合格する可能性が広がります。溜剛校長も「開智に合格したいという受験生は、この先端B入試をぜひ受験してください。例年繰り上げ合格もこの入試から出しています」と言っています。

最難関併願校として最適な開智の入試

開智の入試には毎年多くの受験生が受験していますが、開智を第一志望としている生徒の他に、他校との併願者も多く受験しています。これは、開智の入試が、併願者にも様々なメリットがあるためです。そこで、次に他校との併願者にとっても受験しやすい点を紹介します。

1．入学手続きは2月10日まで

開智中学の入試では、合格した場合でも予納金などの必要はなく、2月10日が入学手続きの締め切り日となっています。この制度は他校併願の受験生にとっても、うれしいシステムです。

2．得点通知により実力をチェック

どの回の入試でも、希望すれば得点とおよその順位を知ることができます。これによって、受験生のその時点での学習内容の到達度や弱点を確認することができます。

3．リーズナブルな受験料

受験料に関しては、2万円で3回まで受験ができ、5000円プラスすることで4回受験することができます。さらに、姉妹校である開智未来中学（**1月11、12日は、午後に開智中学校でも入試を実施**）へ出願する場合、合計の受験料は3万円で、両校合わせて8回の入試を受けることができます。リーズナブルな受験料で、多くの機会が用意されています。

4．入学金が不要

開智は入学する場合でも入学金が不要です。一方、施設費に充当する入学手続き時納入金が必要ですが、これも、3月31日までに入学を辞退した場合には全額が返金されるので、併願校として経済的にも安心して受験することができます。また、初年度納入金は63万8000円と首都圏の私立中学で4番目の安さとなっています。

5．外部進学制度

入試とは直接関係はありませんが、開智には高校への外部進学制度があります。これは、中学3年次に、開成高校や筑波大附属、慶應、早稲田など、指定された高校を受験し、もし不合格であった場合でも開智高校中高一貫部に進学できる制度です。中学受験において、これらの学校に合格できなかった場合でも、再びチャンスがあるということで、併願者にとって魅力的な制度となっています。

自ら考え、学び、創る 先端的教育でますます進化

先端創造クラスで実践されている「学び方を学ぶ」授業のような改革や、探究テーマやフィールドワークによる自ら創造・発信する教育の充実は、近年の東大や早慶などの最難関大学の飛躍的な合格実績に現れています。このような教育を深化し、日本の教育を改革していこうという高い目標を掲げる開智。今後の発展に目が離せません。

www.kaijo.ed.jp

大人も子どもも 本からマナブ

**すっかり季節も夏から秋へと移り変わり
中学受験も身近に近づいてきましたね。
時には肩の力を抜いて
「漢字のサーカス」で楽しく学んでみませんか？**

BOOKS COLLECTION 17

ちょっと難しいけれど楽しく漢字が勉強できる本

子ども向け

『漢字のサーカス 常用漢字編1』

馬場 雄二 著
岩波ジュニア新書
940円＋税

この本は、漢字をいろいろな角度から取りあげてパズルのような問題にして紹介しているものです。よくある「漢字パズル本」とちょっと違うのは、問題そのものが、見たときに楽しく感じられるようにつくられている点です。

出てくる漢字は、小学生のみなさんには少し難しい常用漢字レベルなのですが、ほとんどの問題が、ヒントとして答えの漢字を含んだ熟語になっていますので、ちょっと考えると正解にたどりつきやすい仕組みになっています。

筆者は大学の先生であるとともに、デザイナーでもあります。そのため、「見た目が楽しいこと」を重視した問題が数多くのせられているのです。

本の題名に「サーカス」とつけられているように、「遊び心」がいろいろな部分に散りばめられていて、楽しく読み進めることができる構成となっています。

小学生のみなさんだけでなく、おうちの方と一緒に考えてみるのにも適している本だと言えるでしょう。

「漢字のサーカス」に挑戦してみませんか。

変化しつつある「大学」の実像をさぐる

『消える大学 生き残る大学』

木村 誠 著
朝日新書
740円+税

もうすぐお子さんが中学受験を迎える保護者のみなさんには、「大学」は少し先のことのように思えるでしょう。しかし、中学受験において、志望する中高一貫校の大学合格実績は、学校選択の要素として重要な位置づけになります。

大学そのものが一昔前とは変わってきており、入学難易度を並べた「大学ランキング表」は、どの大学を選ぶべきかという側面において、あまり機能しない部分も出てきています。

そうした状況のもと、最近の日本の大学事情を丁寧に取材して書かれたのが本書です。教育問題研究家である著者は、本書執筆にあたって各大学への取材を繰り返し、最新の大学状況を伝える内容となっています。

著者によれば、2011年4月より大学に情報公開が義務づけられ、どの大学もホームページ上で「情報公開」の項目が設置されていて、その数値を見ることで、かなりの程度まで実情が判明するそうです。

一方で、筆者は「入学者数、在学者数や修了者数、教員数などの数字を全面的に公開している大学は、6割程度しかない」と指摘しています。また、「入学者数と在学生、4年後の卒業者数を比べれば、中退や留年などの総数がわかる」とも記しています。

さらには、大学卒業後の就職状況に関する部分についても、発表されている統計数値だけではなく、実像がどうなっているかが書かれています。

お子さんの将来を展望する意味でも、各大学が抱えている問題や大学選択におけるポイントを把握するために、ぜひ一読をおすすめします。

共栄学園 中学高等学校 一貫コース

共栄学園中学高等学校は、「知・徳・体」の調和がとれた全人的な人間育成を目標とする男女共学中高6ヶ年一貫コースを擁する進学校です。京成本線お花茶屋駅徒歩3分という交通至便な立地で、日暮里・北千住などのターミナル駅にほど近い、東京・埼玉・千葉を通学圏とする都市型学園です。今年、創立74周年を迎え、中高一貫男女共学進学校として広く認知され、進学実績も急上昇し、活力あふれる進学校として邁進しています。「特進クラス」「進学クラス」のコース別募集を行い、特進クラスの入試においては、「特待・特進入試」を実施。学力に応じて入学手続き時納入金と最大6年間の授業料・施設維持費のおよそ300万円が免除される、スーパー6ヶ年特待生制度を実施します。

文武不岐をモットーに躍進する活力あふれる進学校

学習意欲を高め学力を高める様々な仕掛け

共栄学園には、2004年6月に竣工した最先端の校舎を有効に使った、学力を高めるための様々な仕掛けが用意されています。

高層棟3・4階に2部屋あるマルチメディアルームは、多彩な授業に利用されています。

冷暖房完備で無線LANとスクリーンが設置されている明るい普通教室では、英語・数学の習熟度別編成授業や、オリジナルテキストやプリント、パソコンや映像教材を多用したわかりやすさを第一に考えた授業が行われています。

数学は、検定教科書ではなく「体系数学」シリーズを使用して、無理無駄のない先取り学習を行っています。また、長期休暇中には、中1から高3まで「特訓講座」を実施。毎回多数の生徒が受講しています。

高校課程では、予備校の衛星放送講座を導入。テキスト代および初期費用のみで、専用の学習室にて個々のペースに合わせて学習を進めることができます。

校内勉強合宿や、TUK（東大うかろう会）というサークルでは、学校にある合宿施設（合宿所・風呂・シャワー室）を利用して、週末や長期休暇中に集中して学習を深めています。

さらに、精神科医で、受験アドバイザーとして活躍中の和田秀樹氏を特別教育顧問に招聘し、主宰する緑鐵舎の協力のもと、難関大学志望者に東大生をチューターとする個別受験指導を行っています。

体験・探求型総合学習 ～最先端学習～

共栄学園では机上の学習だけではなく、体験や探求を通して身に付く「見えない学力」の養成にも力を入れています。

最新のIT環境と、地元商店街や様々な企業、外部施設などの協力で、「体験学習活動を通じた興味・関心の育成」「探求活動を通じた自己決定能力の育成」「自己の確立・将来の進路決定」を目標に体験・探求型総合学習「最先端学習」を実施しています。

1年時の「博物館見学」、「静岡清水校外学習」、2年時の〈ツインリンクもてぎ〉の「最先端学習」、3年時の「北海道校外学習」、「中学課程卒業研究」、4年時（高1課程）の「企業探求プログラム」、5年時の「沖縄校外授業」、「小論文講座」が行われています。

発達段階に応じてIT活用能力、情報収集能力、情報処理能力、討議、討論、プレゼンテーション能力など、次代を担うリーダーに必須の能力を養成していきます。

同時に、それぞれの活動が良き思い出となり、6年間の学園生活を彩ります。

英数先行型先取り学習と2-2-2制カリキュラム

積み上げ教科といわれる英語・数学は、基礎基本の完全定着とともに、その全貌を早く概観することが応用力、思考力を伸ばすために重要です。そのため、公立中学校のおよそ2倍の授業時間を割り当て、先取り学習を進め、前期課程の2年間でほぼ中学課程の学習を終えます。しかし、やみくもに先に進むのではなく、先取り学習と並行して、演習の時間を設

学校説明会など日程

※予約不要、上履き不要

■受験対策講習会

11月6日(日)9:30～12:00
2012年1月8日(日)9:30～12:00

■特待・特進入試説明会

11月20日(日)9:30～12:00
12月18日(日)9:30～12:00

■学校見学会

10月1日(土)～12月18日(日)
期間中の土・日・祝 10:00～15:00
14:30までにご来校下さい

活力あふれる進学校だから 平成22年度入試 東京大学合格！

【6ヶ年一貫教育の流れ】

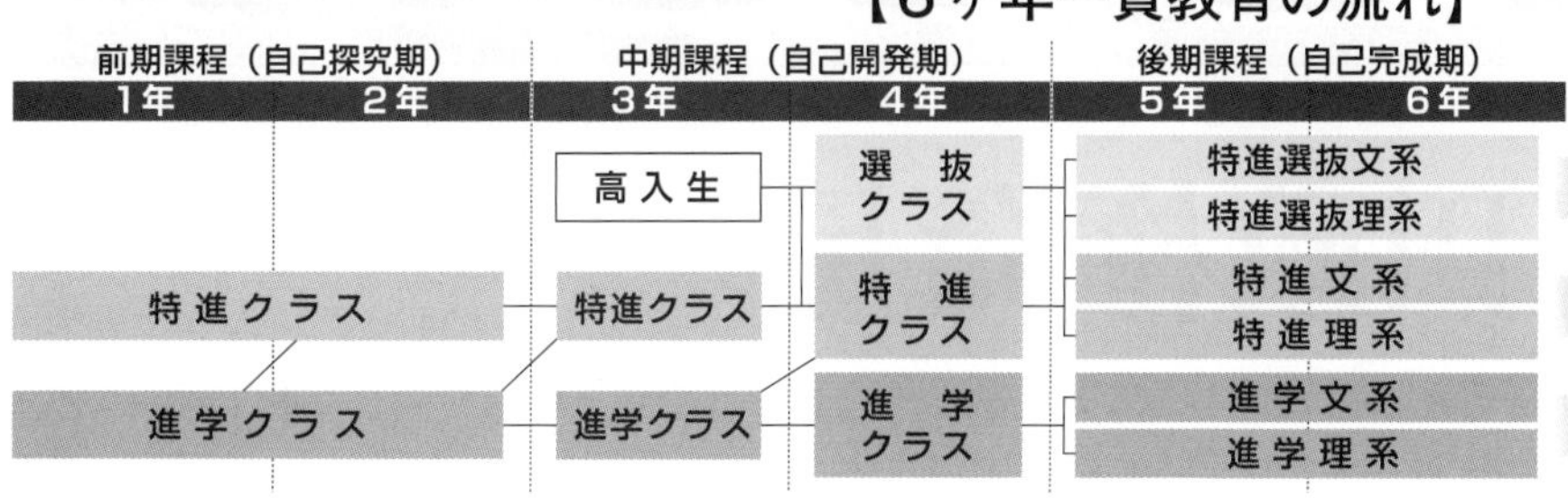

け、また長期休暇中の特訓講座などで、既習事項の「さかのぼり学習」を行っています。そのため、無理のない先取り学習を進めることができるのです。

　また、6年間を2年ずつに分割して発達段階に応じた指導を進めていく2－2－2制を採っています。6ヶ年一貫教育では、中だるみをいかに防ぐかが課題であるといわれています。2年間という中期目標を設定し、次の段階へステップアップするのだという意識付けが効果を表しています。

　さらに、4年次から選抜クラスを設定するとともに、選抜クラスと特進クラスには優秀な高入生を迎え、混成クラスを編成することで、互いに良い意味での緊張感を持った環境を構築しています。

特進クラス&進学クラス

　共栄学園中学校の入試では特進クラスと進学クラスの2コースで募集が行われます。

　中学3年次までは、授業進度は揃えながら「特進クラス」では発展的な問題の研究を積極的に取り入れ、「進学クラス」では基礎学力の徹底理解を主眼に授業を進めます。「特進クラス」では、放課後の「プラス1レッスン」「長期休暇中の特訓講習」「勉強合宿」などを行い（進学クラスも希望者は参加できます）、より高い目標をめざします。

　2年・3年・高校課程進級時に、本人の希望と学力適性により、「進学クラス」から「特進クラス」にステップアップすることもできます。

3ランクアップの進学実績 東京大学合格者を輩出

　男女共学6ヶ年一貫コースは、今春第5期生が卒業しました。今までの合格大学には、筑波大、横浜国立大、千葉大をはじめ、慶應・早稲田・上智・東京理科・立教・明治・中央・法政・青山・津田塾などの難関大学の名前がずらりと並びます。6年前の入学時の学力偏差値からすれば、驚異的な3ランクアップの進学実績です。共栄学園の一貫コースは、6ヶ年の中で実力を培い、難関大学に多くの生徒が挑戦し、合格していく学校であるということをはっきりと示してくれました。

　こうした優れた進学教育を行う共栄学園では、昨春、東京大学合格者を輩出。さらなる期待がふくらみます。

スーパー6ヶ年特待生制度

　共栄学園中学校は、「特待・特進入試」を実施し、学力に応じて最高6年間の特待生の認定を行います。6年間の特待制度を導入している学校はまだ数校です。6年間という長い間には、様々な変化が起こることが想定できます。しかし、共栄学園は、このスーパー6ヶ年特待制度を中心に真の6ヶ年教育をしていきたいと考えています。ハード面、ソフト面ともに充実し、また前述のように6ヶ年一貫コースの教育体制が着実に実を結んできている「自信」と「覚悟」の形と言えます。

　進化し続ける共栄学園中高6ヶ年一貫コースに注目して下さい。

【平成 24 年度入試日程】

試験名	第1回	第2回 特待・特進入試	第3回	第4回
入試日程	2月1日（水） AM 9:00～	2月1日（水） PM 3:00～	2月2日（木） AM 9:00～	2月4日（土） AM 9:00～
募集人員	特進：男女 25名 進学：男女 45名	特進：男女 20名	特進：男女 10名 進学：男女 10名	特進：男女 5名 進学：男女 5名
入試科目	2科	4科	2科または4科	2科

※特進クラスから進学クラスへのスライド合格があります。
※「特待・特進入試」において成績上位者から、最高６年間の特待生に認定します。
　また、第１回・第３回入試では、入学特待・1ヶ年特待を認定します。
※２科（国語・算数）、４科（国語・算数・理科・社会）

共栄学園 中学高等学校

京成本線「お花茶屋駅」徒歩３分
東京メトロ千代田線・ＪＲ常磐線「亀有駅」よりバス 10 分「共栄学園」下車徒歩１分

〒124-0003 東京都葛飾区お花茶屋 2-6-1
TEL 03（3601）7136
0120-713601
URL：http://www.kyoei-g.ed.jp

NEWS2011

野田政権発足

9月2日、民主党の野田佳彦内閣が正式に発足、野田さんは日本の第95代内閣総理大臣となりました。初代の伊藤博文から数えて62人目です。

一昨年の2009年８月に行われた総選挙で、民主党が第１党となり、政権交代が実現しました。この結果、民主党代表の鳩山由紀夫さんが首相に選ばれましたが、沖縄の普天間にある米軍基地の移転問題がこじれ、１年たたないうちに総辞職をしてしまいました。鳩山さんの次に代表となり首相になったのは、菅直人さんでした。菅さんが就任したからといって、普天間問題が解決したわけではなく、菅政権は難しいかじ取りを強いられましたが、昨年９月の尖閣諸島周辺での中国漁船事件、今年３月11日に発生した東日本大震災と、それに伴う福島第一原発での事故処理の手際の悪さが、多くの国民から不信を買い、民主党のなかからも退陣論が出て、８月26日、正式に退陣を表明しました。

9月2日、野田佳彦内閣がスタートした。
野田首相〜手前中央〜と新閣僚ら（時事）

これを受けて民主党は８月29日、衆参両院の民主党国会議員による代表選挙を行い、決戦投票の結果、菅内閣で財務大臣を務めていた衆議院議員の野田佳彦さんを代表に選びました。

次期代表が決まったことで、菅首相は８月30日、内閣総辞職をしました。内閣が総辞職をすると、憲法67条の規定で国会は新首相を選ぶ首相指名選挙を行わなくてはなりません。なお、首相は国会議員でなくてはならない、と同じく憲法67条で決められています。

同日、国会が召集され、衆議院、参議院がそれぞれ首相指名選挙を行い、衆議院では476票中過半数を上回る308票を得た野田さんが指名されましたが、参議院では１回の投票で有効投票の過半数を得た候補者が出ず、決戦投票の結果、野田さんがかろうじて有効投票の過半数を得て指名されました。

もし、衆議院と参議院で指名が異なる場合には、両院で協議をしますが、それでも決着がつかないときは、憲法67条の規定で、衆議院の指名が国会の指名になることが決められています。なお、選挙は記名投票で行われます。

こうして野田さんが首相に選ばれ、９月２日に皇居で首相の親任式と、国務大臣の認証式が行われ、正式に野田内閣が発足したのです。

野田さんは、早大出身で就任時54歳３カ月、戦後だけならば安倍晋三さんの52歳、田中角栄さんの54歳２カ月に次ぎ、３番目の若さです。千葉県船橋市を選挙区とする千葉４区選出で、千葉県選出としては戦後初の首相です。千葉県出身では、終戦のときの首相、鈴木貫太郎が現在の千葉県野田市出身です。

入試問題ならこう出題される

基本問題

2011年８月末、［①　　］首相が辞任を表明した。これを受けて［②　　］党の代表選挙が行われ、決戦投票の結果、［①　　］内閣で［③　　］大臣を務めていた［④　　］院議員の［⑤　　］さんが代表に選ばれました。

［②　　］党の次期代表が決まったことで、［①　　］首相は８月30日、［⑥　　］の総辞職をしました。［⑥　　］が総辞職をすると、憲法67条の規定で国会は新首相を選ぶ首相指名選挙を行わなくてはなりません。

８月30日、国会が召集され、［④　　］院、［⑦　　］院がそれぞれ首相指名選挙を行い、［②　　］党の新代表である［⑤　　］さんが国会で第［⑧　　］代首相に指名されました。

９月２日、［⑤　　］内閣が正式に発足、［⑤　　］さんは日本の第［⑧　　］代目の総理大臣となりました。初代総理大臣の［⑨　　］から数えて［⑩　　］人目です。

発展問題

首相指名選挙で、もし、衆議院と参議院で指名が異なる場合にはどのようにして首相を選びますか。答えましょう。

基本問題　解答

①菅直人　②民主　③財務　④衆議　⑤野田佳彦
⑥内閣　⑦参議　⑧95　⑨伊藤博文　⑩62

発展問題　解答(例)

衆議院と参議院で首相指名が異なる場合には、両院で協議をしますが、それでも決着がつかないときは、憲法の規定で、衆議院の指名が、国会の指名となることが決められています。

Seize the day
自立した個人への道を、一歩ずつ、確実に。

入試対策会

10月30日(日)　9:00〜13:00

学校説明会（校内見学・個別相談）

11月12日(土)　14:00〜15:00

12月17日(土)　14:00〜15:00

入試体験会

1月 8日(日)　9:00〜13:00

桜丘中学校

〒114-8554 東京都北区滝野川1-51-12　tel：03-3910-6161
http://www.sakuragaoka.ac.jp/
mail：info@sakuragaoka.ac.jp
twitter：@sakuragaokajshs
facebook：http://www.facebook.com/sakuragaokajshs

■全て予約制です。
■本校Web http://www.sakuragaoka.ac.jp/ よりお申し込みください。

・JR京浜東北線・東京メトロ南北線「王子」駅下車徒歩7〜8分
・「池袋」駅から都バス10分「滝野川二丁目」下車徒歩2分
・都営地下鉄三田線「西巣鴨」駅下車徒歩8分
・北区コミュニティバス「飛鳥山公園」下車徒歩5分
・都電荒川線「滝野川一丁目」駅下車徒歩2分

SHOHEI

●学校説明会
いずれも10:00～
11月 1日(火)
11月14日(月)
12月 5日(月)
12月10日(土)
12月18日(日)

●おもしろ実験教室
＊要予約 9:00～
10月30日(日)

入試日程

一般入試

第1回・第2回 1月10日(火) 午前・午後 35名 2科または4科
第3回 1月13日(金) 15名 2科または4科
第4回 1月16日(月) 15名 2科または4科
第5回 2月 5 日(日) 5名 2科または4科

帰国子女入試

12月23日(金・祝) 10名 A：英語／面接 B：国語・算数／面接
(AまたはBいずれかを選択)

新生昌平Ⅰ・Ⅱ期生の主な合格大学(過去２年)

	平成23年			平成22年		
国公立大	筑波大(1)	横浜国立大(1)	東京学芸大(3)	東京大(1)	東京工業大(1)	筑波大(1)
	埼玉大(4)	茨城大(1)	宇都宮大(1)	千葉大(3)	埼玉大(1)	宇都宮大(3)
	東京農工大(1)	埼玉県立大(5)	横浜市立大(1)	群馬大(1)	東京農工大(1)	東京海洋大(1)
	千葉県立大(1)	――	――	埼玉県立大(1)	防衛大学校(1)	――
	合計19			合計15		
難関私立大	早稲田大(2)	慶應義塾大(1)	上智大(1)	早稲田大(4)	慶應義塾大(3)	上智大(3)
	東京理科大(15)	国際基督教大(1)	学習院大(5)	東京理科大(7)	学習院大(3)	明治大(13)
	明治大(7)	青山学院大(2)	立教大(7)	青山学院大(1)	立教大(7)	中央大(6)
	中央大(6)	法政大(19)	――	法政大(9)	――	――
	合計66			合計56		
	その他の大学合格者数 434			その他の大学合格者数 251		

昌平中学校の特色

Special Wednesday スペシャル・ウェンズディ　「百聞は一見に如かず」体験を通して学ぶプログラム

毎月1回、水曜日をスペシャル・ウェンズディとし、多彩な体験学習を実施します。机上の学習では得られない体験を通して感動を与えるとともに、「調べる」「まとめる」「発表する」「考察する」といった学問の基本となる姿勢を身につけます。

大学教授によるプロジェクト学習

狙い　生徒主体のプロジェクトに基づく学習を通じて、生徒を動機づけ自信を持たせ、自立した学習者にする。

期待される効果
- ■ 対人コミュニケーション能力の向上
- ■ プレゼンテーション能力の向上
- ■ 問題解決能力の向上
- ■ 判断能力の向上
- ■ キャリア意識の醸成

Power English Project パワー・イングリッシュ・プロジェクト　全校生徒が英語に強くなる

国際化の進む現代社会において、語学の習得は不可欠です。そこで本校では、世界に通用する英語力と国際感覚を養い、「英語の勉強は大学に合格するためだけでなく、世界へ羽ばたくために必要であること」を生徒に実感させています。それが本校の全教員が取り組んでいる英語力強化計画「パワー・イングリッシュ・プロジェクト」です。

- ■ 英検全員受験
- ■ 英語の授業時間の充実
- ■「日本語禁止部屋(インターナショナル・アリーナ)」の設置
- ■ 校内英語スピーチコンテストの開催
- ■ 姉妹校スコッツ・スクール(オーストラリア)との交流

SHOHEI
昌平中学・高等学校

〒345-0044 埼玉県北葛飾郡杉戸町下野851 TEL:0480-34-3381 FAX:0480-34-9854
http://www.shohei.sugito.saitama.jp

JR宇都宮線・東武伊勢崎線　久喜駅下車
直通バス 10分 又は 自転車 15分

東武日光線　杉戸高野台駅下車
直通バス 5分 又は 徒歩 15分

東武伊勢崎線　和戸駅下車
自転車 8分

主要駅から本校の最寄駅までの所要時間
●大宮駅から久喜駅まで20分 ●春日部駅から杉戸高野台駅まで 9分
●赤羽駅から久喜駅まで36分 ●北千住駅から杉戸高野台駅まで 40分

新校舎・新カリキュラム！

「知性」が「感性」を支えるという考えは変わらず、中高ともに美術と学習の両面を重視する教育を実践してきました。

本校の進路実績では、毎年約9割が美術系に進路をとりますが、これは生徒自らが進路を選んだ結果です。

美術系以外の大学に進む者も例年ありますが、この生徒たちと美術系に進む生徒たちに差はありません。

皆「絵を描くことが好き」というところからスタートしたのです。

それは勉強にも生かされます。物を観て感性がとらえ、集中して描くことは、勉強に興味を持ってそれを学問として深めていく過程と同じなのです。

そして絵を描くことで常に自分と向き合う時間を過ごし、創造の喜びと厳しさも知ることで絵と共に成長するのです。

それが永年の進路実績に表れています。

■平成23年度　受験生対象行事

10月29日(土)	女子美祭（ミニ説明会実施）	10:00〜17:00
10月30日(日)	〃	〃
11月12日(土)	公開授業	8:35〜12:40
11月19日(土)	公開授業	8:35〜12:40
	学校説明会	14:00〜
12月 3日(土)	ミニ学校説明会	14:00〜
1月14日(土)	ミニ学校説明会	14:00〜

■女子美祭

付属中学・高校・大学まで同時に開催される
本学のメーンイベントです。
生徒全員の作品展示のほか、盛りだくさんの
内容でお待ちしています。

■女子美ニケ中学生・高校生美術展

11月11日(金)〜 11月19日(土)
9:00〜19:00　本校エントランスギャラリー

■高等学校卒業制作展

3月6日(火)〜 3月16日(金)
10:00〜17:00　本校エントランスギャラリー

●本校へのご質問やご見学を希望される方には、随時対応させて頂いております。
お気軽にお問い合わせください。

親子でやってみよう

科学マジック

監修：あらきはじめ（東京都市大学非常勤講師）

宙に浮くシャボン玉

今回も不思議な科学マジックをお届けしますが、ドライアイスを使用するため、必ず、お父さんやお母さんと一緒にチャレンジしてください。ドライアイスは直接さわると凍傷を起こしたりするため、とても危険です。ご家族の方も軍手をしてドライアイスを扱ってください。

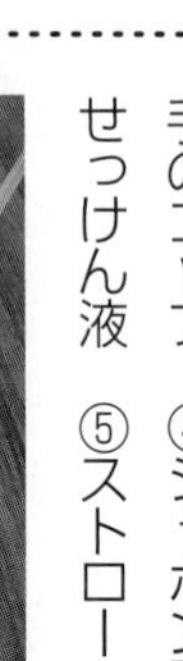

1 用意するもの

①ドライアイス（アイスクリームを買っておみやげにするとついてくる）。写真では新聞紙の上に乗せてあります。　②軍手　③広口で厚手のコップ　④シャボン玉用せっけん液　⑤ストロー

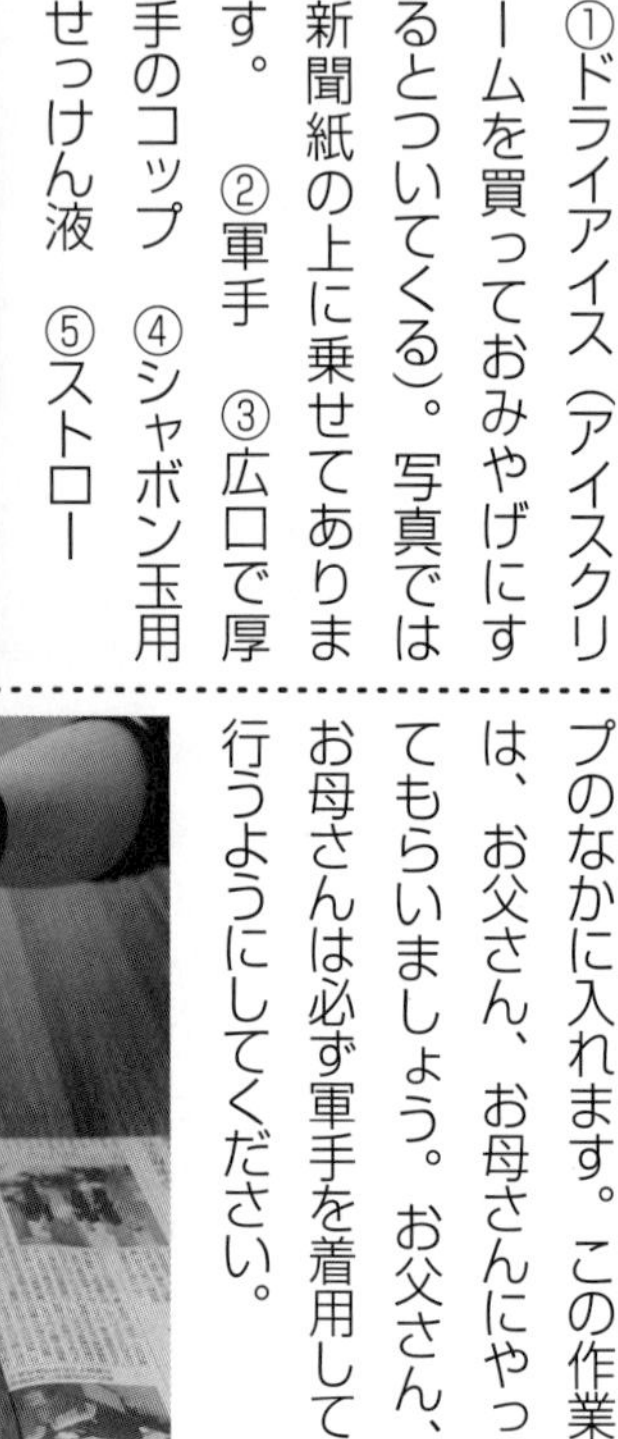

2 ドライアイスをコップのなかへ

ドライアイス2～3個をコップのなかに入れます。この作業は、お父さん、お母さんにやってもらいましょう。お父さん、お母さんは必ず軍手を着用して行うようにしてください。

3 コップのなかに白い煙が

コップのなかに白い煙が見えます。これは、ドライアイスが気化していくとき、温度の低下に伴って空気中の水分が氷結して見えるものです。コップも非常に冷たくなっているので、直接さわらないようにしましょう。

4 シャボン玉を吹く

少し高い位置から、コップのなかに落ちていくようにシャボン玉を吹いてみましょう。

5 コップに入ったシャボン玉は

コップに入らず、テーブルに落ちてしまったシャボン玉は割れてしまいますが、コップに入ったシャボン玉はどうなるでしょうか。

6 シャボン玉の空中ダンス

コップにうまく入ったシャボン玉は、コップのなかでふわふわと浮いています。とても不思議で幻想的です。

解説 ドライアイスは二酸化炭素を固体にしたものです。常温常圧では液体とならず、直接、気体の二酸化炭素に昇華します。二酸化炭素は空気よりも重いので、コップのなかは二酸化炭素がたまった状態になります。ですから、シャボン玉は気体である二酸化炭素の上に乗ってふわふわと浮いた状態になったのです。

注意 必ず大人と一緒に実験し、ドライアイスやドライアイスが入ったコップを直接持たないようにしてください。また、せっけん液を吸いこまないように注意しましょう。

春日部共栄中学校

中学3年生全員が 世界のリーダーを目指して 1カ月間のカナダ研修

教育理念「この国で、世界のリーダーを育てたい」を掲げ、最高レベルの学力はもとより、これからの世界のトップに立って活動しうる目的意識と、素養と、対案力と、そしてなによりも人間力を兼ね備えた新しいタイプのリーダーの養成を目指す春日部共栄中学校・高等学校。今年卒業の第３期生からは、東大・京大へも合格者を輩出しました。そんな春日部共栄では、中３生全員参加による1カ月間のカナダ研修プログラムを実施し、さらにその教育を充実させています。

第3期生、東大・京大合格 海外名門大進学にも対応

優秀な大学進学実績を残す春日部共栄高等学校のもとに開校した、春日部共栄中学校。早いもので、今春、第3期生が高校を卒業しました。

第1期生の大学進学では、国公立大学に13名の合格者を出しました。第2期生では、2名の東大合格者を輩出。第3期生は東大・京大を筆頭に、難関国公立大学に28名、早慶上理にも28名の合格者を出しました。まさに、春日部共栄の中高一貫教育の優秀さが実証された結果といってよいでしょう。

そんな春日部共栄中学校では、開校以来「この国で、世界のリーダーを育てたい」という高い教育ビジョンを掲げ、それを実践してきました。

その学習指導は、ムダを省き、有機的に再構築した独自カリキュラムによって進められ、6年次を大学受験準備にあてることを可能にしています。また、5年次で志望別に理系と文系に分かれますが、基本5教科はセンター試験に対応した指導を展開するとともに、海外名門大への進学に対応しているのも、春日部共栄らしさの現れです。

シャドーイング重視 国際標準の英語力を

「世界のリーダー」を目指すには、しっかりした英語力が不可欠です。毎朝授業

SCHOOL TOPICS

語学武者修行 in CANADA

小学校での日本文化プレゼンテーション

ナイアガラの滝で記念撮影

前の朝学習では、リスニングの力を養います。さらに、単語速習から暗唱コンテスト、英文法、英作文指導へと発展的に実力を磨きます。

　また、海外の大学進学も視野に入れ、受験英語の読解力や文法知識の理解と習得、さらにはコミュニケーションの手段として英語を使いこなせるようプレゼンテーション能力に磨きをかけています。そのほか海外の書物を多読することで英語圏の文化的背景までを身につけます。高度な留学英語検定にも挑戦、海外の大学でも通用する英語力を培います。

中学3年生全員参加のカナダ研修とは

　中1からスタートした英語学習の集大成が、1カ月間の「カナダ研修」です。2007年から希望者で始められたカナダ研修ですが、2009年度からは、中学3年生全員参加となりました。

　留学先としてカナダが選ばれたのは、アメリカと同様、多民族国家でありながら治安が保たれ、豊かな自然と高い教育水準を有することによるもの。滞在先のカナダ・オンタリオ州のバリー市で、生徒は、ひと家庭にふたりずつホームステイし、現地の学校にステイ先の子どもと一緒に通います。研修中は、引率の教師陣が注意深く生徒を見守ってくれるので安心です。

　語学の授業以外は現地の子どもたちと同じ授業に参加。欧米流の自分の意見を求められる授業形式に慣れるには、多少の時間を要しますが、日がたつにつれ堂々と英語で発言できるようになるとのことです。

　また、毎年、小学校で折り紙、けん玉、福笑いなどの日本文化をプレゼンテーションし、現地の小学生の人気を博しています。

　勉強だけでなく、放課後や休日にはスキーなどでカナダの大自然を満喫することも可能です。昨年は、全員でナイアガラの滝に行き、自然の雄大さを肌で感じてきました。

　研修の最後には、到達度テストを実施。また、個々の研修体験を英語でプレゼンテーションするとともに、全員で日本文化を披露します。

　1カ月間、英語漬けの毎日を送ると、さすがに英語力は格段に向上。これをきっかけとし、さらなる語学力アップに、誓いを新たにする生徒も多いようです。また、生徒がひと回りたくましくなって帰って来るのも、この研修の大きな成果といえます。

　全員参加によるカナダ研修で、また多くの「世界のリーダー」誕生が予感される春日部共栄中学校です。

春日部共栄中学校
埼玉県春日部市上大増新田213
東武伊勢崎・野田線「春日部」バス10分
生徒数男子245名、女子153名
電話　048―737―7611

「熟語のことならなんでも知ってるぞ」っていうジュクゴンザウルスが、「このパズル解けるかな」っていばっているぞ。さあ、みんなで挑戦してみよう。

【問　題】

【A】【B】【C】のマスそれぞれに、左上からせん状に中央のマスまで三字熟語を4つ作ります。リストにある漢字を書き入れましょう。このとき、例のように、三字熟語が二重マスによってしりとりでつながるように書き入れます。リストの漢字は1字1回ずつしか使えません。マスが埋まったら、それぞれ中央に現れた漢字三字でできる三字熟語を考えてください。

【例】

同じ方法で解いてみましょう。

【問題】

	温	
丁		算
	記	

【リスト】 体　計　書　長　場

【答え】

体→	温→	計↓
丁→	場	算↓
長↑ ←	記←	書

【リスト】

救	母	公
国	同	愛
主	祖	番
文	学	春
会	心	順

答えは
114ページにあります

【A】

	一	
盟		号
	不	

【B】

	父	
理		性
	国	

【C】

	世	
話		人
	聴	

Report!!
リポート!!

鷗友学園女子中学校

「実験」で培う知的好奇心

Part 1

OHYU Gakuen Girls' Junior High School

鷗友学園では、高校になると理系志望の生徒が半数近くにのぼります。その秘密は、数多くの実験を通して生徒の興味・関心を養う教育にありました。

毎年、文系理系を問わず、東大をはじめとした国公立大や、早慶上智大などの難関私立大に多くの生徒を送り出している鷗友学園女子中学校（以下、鷗友）。

鷗友といえば、1935年（昭和10年）の創立当初から重視されてきた英語教育が有名ですが、理系を選択する生徒も例年半数近くにのぼるなど、理系教育にも定評がある学校です。そのなかでも理科は、中学1年生から実験中心の授業を徹底して行っています。

化学の大内まどか先生は「全ての生徒が自然科学に興味を持ち、社会に出てから理系分野の知識が必要になったときにも困らないことが理想です。その上で、理工系、医歯薬系に進みたいと生徒が思ったときには、必ずその志望を実現でき、大学に入学した後もしっかりと実力を発揮できるようにと考え、こうした教育を行っています」と、実験中心の授業を行う理由について説明されます。

カリキュラムは、中1で生物を、中2では化学と物理・地学を勉強し、この2年間で基本的な実験技術を身につけます。そして中3になると、化学と物理・地学が高校の内容に入っていきます。高校に進むと、1年生で物理と生物を学び、高1までで、理科全分野の基礎知識を学びます。そして高2の文理選択で理系を選択すると、化学が週5時間、生物か物理のどちらかを週3時間、高3ではそれぞれ4時間ずつとなり、内容もより専門的になります。

この6年間のうち、中学ではほとんどの授業を実験室で行います。高校になってからも、大学受験のための問題演習だけではなく、多くの実験を授業に組み込んでいます。

「中1の生物で、植物、動物のスケッチ、解剖など実物に触れて正確に観察する力をつけ、『観察者の目』を育てます。そうすれば、化学の実験のように反応が一瞬で終わってしまう場合にも、反応後の溶液の色を見て『きれいな色になった！』で終わらずに、その変化の前後を慎重に観察し、反応の意味をきちんと考えられるようになります」（大内先生）

実験を積み重ねていくことで、生徒たちは自然科学への興味を持つようになり、それが理系選択者の多さの一因となっています。

「日本では、女子は理数が苦手だろうといった先入観がまだまだあるように感じますが、本校の生徒はどの科目にも意欲的です。専門的な内容でも、理解し感動することができれば、理系を選択する生徒が増えるのも不思議ではないと思います」（大内先生）

鷗友は、理科だけに限らず、「実際に見て、触れて」という授業を創立以来続けてきました。これは初代校長の市川源三氏の考えにもつながることでした。その流れが現在まで途切れることなく受け継がれているのです。

こうして理系を選択した生徒も、その先の目標は医学部や工学部など様々。その選択について「多くの生徒は鷗友での6年間を通して、社会に貢献するために自分に何ができるのか、という観点で進路を考えます」と大内先生。

実践的な教育を通して、理科の楽しさ、面白さを伝え、その先の進路につなげていくのが鷗友の理系教育です。

SCHOOL DATA **鷗友学園女子中学校**

Address	東京都世田谷区宮坂1-5-30
Tel	03-3420-0136
Access	東急世田谷線「宮の坂」徒歩4分、小田急線「経堂」徒歩8分
URL	http://www.ohyu.jp/

Check!! **2012年度入試の募集人員が変わります！**

鷗友学園女子中学校は、1次募集（2月1日）人員を2011年度入試の120名から、2012年度入試では140名に、2次募集（2月2日）人員を80名から60名に変更します。鷗友を第1志望とする受験生に、チャンスが広がります。

学ナビ!!
School Navigator
vol. 017

神奈川　藤沢市　男子校

藤嶺学園藤沢中学校

TOHREI GAKUEN FUJISAWA Junior High School

「世界は僕らを待っている」

2001年（平成13年）、「国際社会に太刀打ちできる21世紀のリーダー育成」を目指し開校した藤嶺学園藤沢中学校・高等学校。

まだ開校11年という若い中学校ではありますが、母体となる藤嶺学園藤沢高等学校はすでに90年を超える歴史があり、藤嶺学園藤沢中学校・高等学校はその長きよき教育の伝統をしっかり受け継いでいます。

アジアの重要性を知る 真の国際人を育てる

藤嶺学園藤沢の教育で特徴的なのは、アジアに目を向けた国際人を養成していることです。

21世紀の国際社会におけるアジア、オセアニア地域の重要性が増す現在、エコ・スタンダードとしての東洋的な価値観や文化を見直すことにより、国際教育の原点を世界のなかのアジアに求めていきます。

学習においては、6年間を3ブロックに分け、基礎（中1・中2）、発展（中3・高1）、深化（高2・高3）に区切ることで、ムダのないカリキュラムを実現しています。

―基礎ブロック―　全ての教科の土台にあたる基礎学力をつくる時期。基礎学力を確実につけることを主眼に、教科授業のほかにも補習を積極的に行い、きめ細かく生徒一人ひとりを見守ります。

―発展ブロック―　中学と高校との橋渡しをする時期。中学の学習と高校の学習との段差を少なくすることをテーマに、基礎から発展への移行をスムースに行う学習プランを用意しています。

―深化ブロック―　中高一貫教育の総仕上げのこの時期は、将来の進路を決定する大切な時期でもあります。志望系統別のクラス編成を行い、生徒一人ひとりの進路を確実に導けるようにします。

こうした計画的な学習カリキュラムと、6年間を有効に使った進路指導によって、生徒一人ひとりが抱いている未来への夢を実現できるよう、きめ細かな応援をしています。

School Data

藤嶺学園藤沢中学校

神奈川県藤沢市西富1-7-1
JR線・小田急線・江ノ電「藤沢」徒歩15分
男子のみ423名
0466-23-3150
http://www.tohrei-fujisawa.jp/

学ナビ!! School Navigator vol. 018

東京　台東区　共学校

上野学園中学校

UENO GAKUEN Junior High School

知と感性と豊かな人間性を育む中高一貫教育

上野学園中学校・高等学校は、2007年（平成19年）に男女共学化がスタートし、あわせて新校舎も完成しました。上野学園の教育方針は、「一貫教育によるのびのびとした環境の中で個性を伸ばし、情感豊かな人間を育てる」こと。一人ひとりの自覚を促し、自他に対して常に誠実であることを願って、日々の実践徳目として「親切・努力」を指標にしています。

建学以来、豊かな感性と自立した個性の育成を目指してきた上野学園は、加えて「学力の基礎基本」のレベルアップと「未来に生きる力」を育む教育をより深めています。

ふたつのコース制 音楽教育も充実

学習においては、ふたつの進学コースを設置するとともに、実績を誇る音楽教育も充実しています。

「特別進学コース」は、国公立・難関私立大学を目指す教育内容です。また、「総合進学コース」は情報・福祉・看護・栄養・バイオ・芸術・スポーツなど幅広い分野の4年制大学に対応することが可能です。

ハイグレードな音楽授業も、上野学園の大きな特色のひとつです。校内には石橋メモリアルホールがあり、年間を通じて多彩な演奏会が開かれます。伝統的な箏曲（そうきょく）、茶道、日本舞踊、長唄三弦などを習得する、ほかにはない課外授業が用意されているのも特徴です。

中学音楽コースでは、中1の音楽授業が週5時間、中2・中3で4時間、そして個人レッスンがあります。

高校の音楽科では、「演奏家コース」を新設。音楽科目においては大学レベルの授業を行っています。

さらに、上野学園では英語教育にも力を入れています。英語の指導に重点をおいている中学普通コース、高等学校普通科の生徒には、国際化時代に対応できる豊かな語学力と調和のとれた国際感覚を育てる目的として「中学・高校英語コンテスト」を開催しています。

School Data

上野学園中学校

東京都台東区東上野4-24-12

JR線「上野」・地下鉄銀座線「上野」徒歩8分、つくばエクスプレス「浅草」・京成線「上野」徒歩10分

男子53名、女子100名

03-3847-2201

http://www.uenogakuen.ed.jp

ここから始まる　未来への道
TEIKYO JUNIOR HIGH SCHOOL

何かが出来そう　何かが出来た

田園調布学園

中等部・高等部

http://www.chofu.ed.jp

〒158-8512 東京都世田谷区東玉川2-21-8 Tel.03-3727-6121 Fax.03-3727-2984

＊東急東横線・目黒線「田園調布」駅下車 〉〉 徒歩8分 ＊東急池上線「雪が谷大塚」駅下車 〉〉 徒歩10分

学校説明会日程（予約不要）

第３回　11月11日（金）10:00～

第４回（小6対象）　1月14日（土）10:00～

学校行事

定期音楽会　1月25日（水）12:30～

＊詳細はHPでご確認下さい。

中等部入試

	第1回	第2回	第3回
募集定員	90名	90名	20名
試験日	2/1	2/3	2/4
試験科目	4科 面接	4科 面接	4科 面接

教えて中学受験Q&A

6年生

Question

家庭での過去問演習の方法を教えて

いよいよ中学入試も間近に迫ってきました。少し遅いのかもしれませんが、志望校の過去問演習を家庭で始めたいと思います。それで、家で過去問をこなしていく方法ですが、どのように進めるのが効果的なのでしょうか。具体的に教えてください。

（目黒区・S・K）

Answer

**無理のないスケジュールで
過去問に取り組みましょう**

志望校の過去問演習は、いつから開始しても構わないと思います。

具体的な過去問の進め方ですが、普段の勉強とは別に問題を解く時間がどのくらい確保できるのかをまず確認してみてください。４教科入試校の１年分を一気に解くなら、最低でも３時間は必要となります。途中の短い休憩時間も考慮に入れなくてはなりません。

ですから、学校がお休みで塾の授業がない日などには、まとめて１年分の演習を予定し、その他の日には１教科ずつこなしていく、といったご本人のスケジュールのなかで無理のない計画を立てて過去問題に取り組むことが得策でしょう。

大切なことは、問題を解いて得点を知ることだけが過去問に接する目的ではないという点です。解いた後、誤った部分を確認したり、復習する時間も短くてもいいので用意しておくようにしたいものです。そうすることで、学習事項の整理や得点力がついてくるからです。

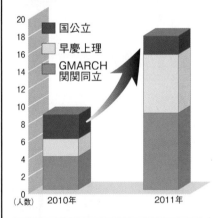

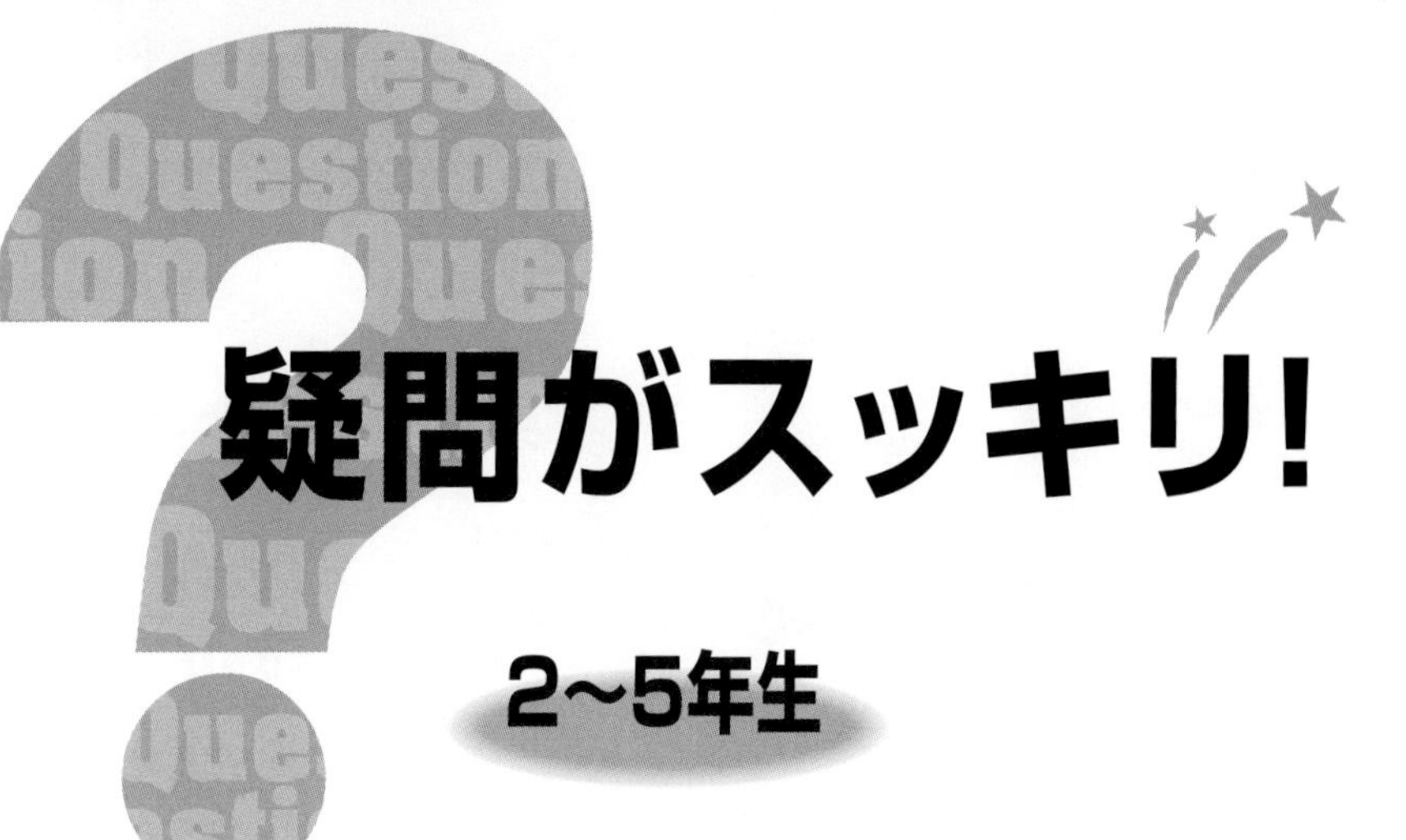

疑問がスッキリ！

2〜5年生

Question

塾の選び方を教えてください

小学校３年生になる長女がいます。うちの娘もできることなら私立中高一貫校への進学ができればいいと思っています。塾に通わせてみたいのですが、どんな基準で塾を選んでいったらいいのか分からず迷っています。塾の選び方を教えてください。

（横浜市・S・N）

Answer

塾の方針や内容を理解し、お子さんにあった塾を選びましょう

一般には小学校４年生になる前後から開始する例が多いようです。ただ、それぞれのお子さんの事情によって、いつから塾に通い始めるべきかは違ってくると思います。

さて、塾の選び方ですが、基本は塾に足を運び、その塾の方針や内容についてお話を聞くことが必要でしょう。なぜなら、それぞれの塾が独自の指導方針を掲げて受験生の学習指導にあたっているからです。塾側の説明に納得できるところを選ぶのがベストです。

また、実際に通っておられる方の保護者にお話を聞いたり、すでに中学受験を終えた方に内容を伺うことも選択に役立ちます。注意しておきたいのは、受験経験者の場合、お子さんの受験結果がうまくいった場合には通っていた塾を高く評価し、そうでない場合には塾に対して厳しい評価をしがちであることです。そうしたことを理解したうえで、お子さんに合った塾を選んでください。

敬神　奉仕

東洋英和女学院中学部

◆**学校説明会**　11月12日（土）10:00～11:35　5年生以下対象

13:30～15:00　6年生対象

◆**入試問題説明会**　11月26日（土）　9:00～11:00　※6年生対象。予約は不要です。

◆**クリスマス音楽会**　12月10日（土）1回目　13:00～14:15

2回目　15:00～16:15

※9月3日、11月12日の学校説明会でアンケートを提出された方には案内状をお送り致します。

2012（平成24）年度入試要項　※願書受付が変わります。

	募集人数	願書受付	試験日	入試科目	合格発表
A日程	80名	A日程・B日程（窓口・郵送） 1月20日（金）～25日（水） ※窓口1月22日（日）除く 郵送1月25日（水）必着 B日程（窓口） 2月2日（木）9:00～14:00	2月1日（水）	4科・個人面接	ホームページ　2月1日（水）22:00 校内掲示　2月2日（木）　9:00
B日程	30名		2月3日（金）	4科・個人面接	ホームページ　2月3日（金）22:00 校内掲示　2月4日（土）　9:00

〒106-8507　東京都港区六本木5－14－40　TEL.03－3583－0696　FAX.03－3587－0597

http://www.toyoeiwa.ac.jp

楽しく学べる オススメ学習図書

勉強というと堅苦しいイメージがありますが
難しく考えないで、本を読む感覚で
楽しく学べる工夫がなされている本がたくさんあります。
ここでは4教科それぞれ1冊ずつご紹介します。

算数

数の悪魔
算数・数学が
楽しくなる12夜

著／ハンス・マグヌス・エンツェンスベルガー
著／ロートラオト・ズザンネ・ベルナー
晶文社
1,600円＋税

算数が大嫌いな少年ロバートの夢に現れた老人「数の悪魔」が、算数を教えてくれる。小難しいと思っていた数字の意外な面白さを発見できる。

国語

ちびまる子ちゃんの慣用句教室

著／川嶋 優
原作／さくら ももこ
集英社
850円＋税

「まるちゃん」のまんががついており、一見難しい慣用句も、まるちゃんの生活の一場面を見ながら楽しく覚えられる。この他、様々なシリーズが出ている。

社会

**少年少女
日本の歴史 1**
日本の誕生 1
旧石器・縄文・弥生時代

監修／児玉幸多　著／佐原眞
まんが／あおむら純
小学館
830円＋税

歴史をまんがで読むことで、登場人物だけでなく、事件や背景などがよく分かる。23巻まで出ている人気シリーズ。読破すればもう歴史は恐くない!

理科

**小学館の図鑑
NEO+ ぷらす
もっとくらべる図鑑**

監修／加藤由子 監修／馬場悠男 監修／小野展嗣 監修／川田伸一郎 監修／福田博美
小学館
1,900円＋税

大きさだけじゃなく、行動や能力などジャンルを超えて意外な視点から比べた図鑑。見て楽しむだけでなく、新しい発見が必ずあるはず。

KASEI

かせいの学びで、花咲くみらい。

25歳の自分とつながる「ヴァンサンカン・プラン」で夢を大きく育てましょう。

「躍進コース」「創造コース」で夢を支える学力をつけましょう。

東京家政大学附属女子中学校・高等学校

文化祭

	月　日	開始時間	終了予定	
緑苑祭（文化祭）	10月22日（土）・10月23日（日）	10:00 ～	16:00	中学 高校
	※入試個別相談会同時開催			

※各行事の開始時刻までにお越しください（文化祭は除く）。
なお、終了予定時刻には校舎見学および個別相談の時間は含まれておりません。

中学説明会

	月　日	開始時間	終了予定
第4回	11月19日（土）	10:00 ～	12:00
第5回	12月10日（土）	10:00 ～	12:30★
第6回	1月22日（日）	11:00 ～	13:00

★入試体験のみ予約制

高校説明会

	月　日	開始時間	終了予定
第4回	11月 5 日（土）	14:00 ～	16:00
第5回	11月20日（日）	10:00 ～	12:00
第6回	12月 3 日（土）	14:00 ～	16:00

〒173-8602 東京都板橋区加賀1-18-1　問い合わせ先●入試広報部　☎03-3961-0748　http://www.tokyo-kasei.ed.jp

博物館や資料館に行って歴史を学ぼう!!

机に向かって、人の名前や年号を覚えることだけが歴史の勉強じゃない！ 親子で楽しめて、さらに歴史についても学ぶことができる博物館・資料館を紹介します。

東京都江戸東京博物館

画像提供：東京都江戸東京博物館

所在地：東京都墨田区横網1-4-1
ＴＥＬ：03-3626-9974
アクセス：JR総武線「両国」徒歩3分、
都営大江戸線「両国」徒歩1分
開館時間：午前9時30分～午後5時30分
（土曜日は午前9時30分～午後7時30分）
休館日：月曜日
観覧料：展覧会の内容によりますので、
HPでご確認ください。
HP：http://www.edo-tokyo-museum.or.jp/

江戸東京400年の歴史と文化を展示している博物館。

常設展示は、大きく「江戸ゾーン」と「東京ゾーン」に分かれており、展示品は、浮世絵や着物から大型の模型まで様々だ。

学芸員の方による解説や、体験コーナーも定期的に設けられ、いろいろな楽しみ方ができるようになっている。

特別展や企画展も開催されており、現在は「世界遺産 ヴェネツィア展」（12月11日まで）と「日光東照宮と将軍社参」（11月23日まで）が行われている。

国立歴史民俗博物館

歴博外観

所在地：千葉県佐倉市城内町 117
ＴＥＬ：03-5777-8600（ハローダイヤル）
アクセス：JR総武本線「佐倉」バス、
京成本線「京成佐倉」徒歩15分
開館時間：3月～9月午前9時30分～午後5時
10月～2月午前9時30分～午後4時30分
休館日：月曜　年末年始
観覧料：一般420円　高校・大学生250円
小・中学生無料
HP：http://www.rekihaku.ac.jp/

「歴博」の愛称で親しまれている国立歴史民俗博物館。

総合展示では、人々の生活にフォーカスした歴史を、原始・古代から年代別に解説。実物資料や複製資料、復元模型などを使ってわかりやすく展示されている。

定期的に企画展も行われており、11月8日からは「風景の記録 - 写真資料を考える -」と題して、戦後の日本を写した貴重な写真資料が展示される予定だ。

さらに、歴博の南東に位置する旧佐倉城の一部には植物苑もあり、日本人の暮らしを支えてきた植物をじっくり見ることができる。

昭和館

所在地：東京都千代田区九段南1-6-1
TEL：03-3222-2577
アクセス：地下鉄東西線・新宿線・半蔵門線「九段下」徒歩1分、JR中央線・総武線「飯田橋」徒歩10分
開館時間：午前10時～午後5時30分（入館時間は午後5時まで）
休館日：月曜日（祝日または振替休日の場合はその翌日）年末年始（12月28日から1月4日）
観覧料：常設展示室 65歳以上270円、大人300円、高校・大学生150円、小・中学生80円
HP：http://www.showakan.go.jp

昭和の戦中・戦後の人々の生活を年代別に分け、展示を行っている博物館。戦争のさなかで人々がどのように暮らしていたか、そして戦後どのように復興してきたかを重点的に解説しているのが特徴だ。

体験ひろばでは、クイズで遊べるコーナーや、当時の生活用品に実際に触れられるコーナーなどが設けられている。

埼玉県立歴史と民俗の博物館

所在地：埼玉県さいたま市大宮区高鼻町4-219
TEL：048-645-8171
アクセス：東武野田線「大宮公園」徒歩5分
開館時間：午前9時～午後4時30分
7月1日～8月31日
午前9時～午後5時
休館日：月曜 年末年始（1月2日から開館）5月1、2日
観覧料：展覧会の内容によりますので、HPでご確認ください。
HP：http://www.saitama-rekimin.spec.ed.jp/

埼玉県の歴史を中心に展示している県立博物館だ。常設展では、旧石器時代から現代までを細かくブースに分けて、資料を展示している。

また、館内の「ゆめ体験ひろば」というコーナーでは、歴史的な衣装を着ることができたり、まが玉づくりや染め物が体験できたりと、楽しいイベントが盛りだくさんとなっている。

横浜開港資料館

所在地：横浜市中区日本大通3
TEL：045-201-2100
アクセス：みなとみらい線「日本大通り」徒歩2分、JR根岸線・市営地下鉄「関内」徒歩15分
開館時間：午前9時30分～午後5時（入館は午後4時30分まで）
休館日：月曜日 年末年始、ほか
観覧料：一般200円、小中学生100円
毎週土曜日は高校生以下無料
HP：http://www.kaikou.city.yokohama.jp/

1981年、日米和親条約が締結された地に開館した横浜開港資料館。貿易都市として発展してきた横浜の歴史に関する貴重な資料が展示されている。

横浜開港資料館の旧館は、もともと英国総領事館だった建物だ。現在は経済産業省の近代化産業遺産に指定されており、美しい外観も見どころのひとつとなっている。

神奈川県立歴史博物館

サスケハナ（模型）

所在地：神奈川県横浜市中区南仲通5-60
TEL：045-201-0926
アクセス：みなとみらい線「馬車道」徒歩1分、市営地下鉄「関内」徒歩5分、JR根岸線「桜木町」「関内」徒歩8分
開館時間：午前9時30分～午後5時
休館日：月曜日（祝日の場合開館）年末年始 資料整理日
観覧料：展覧会の内容によりますので、HPでご確認ください。
HP：http://ch.kanagawa-museum.jp/

先史から現代までの神奈川県の歴史と文化を中心に展示している博物館。日本の歴史と文化において重要な都市である鎌倉や横浜も、重点的に紹介されている。

ライブラリーも利用することができ、歴史分野の図書はもちろん、美術書なども閲覧できる。さらに、歴史・民俗・文化に関するビデオも見ることができ、展示をより深く理解することができる。

教育Column（コラム）

子の目 親の目

淡路雅夫（あわじ・まさお）　國學院大學、同大学院で家族問題を研究。神奈川県の私立中高一貫校元校長。長年にわたって子どもと親とのかかわりについて考察を続ける。著書に『人に育てられて生きる』、『児童福祉概論』などがある。現ブレインアカデミー・私学アドバイザー。

学校選択、お父様の出番です

中学校の説明会が頻繁に行われる時期になりました。

これからは、いよいよお父様の出番です。今までお母様が参加された学校説明会で、6年間の学習内容や授業時間数、指導方法、さらには、クラブ活動や学校行事の様子、進学状況などを聞くことができたでしょう。お子様が抱かれている将来の夢を叶えるため、ご家族でのお話し合いもなされていることと思います。

お子様の受験は、中学校に合格することだけが目的ではありません。中学・高校という思春期の生活をとおして、これから必要な基礎的能力を育み、そして、大学進学を経て社会に巣立つわけです。

そこで大事なことは、それぞれの学校でどのような体験をし、生きる知恵を身につけられるかどうかです。

そのため、学校生活のゴールを大学受験ではなく、大学を卒業し、社会に受け入れられたときだと説明する学校もあります。例えば、社会で認められ、活躍する年齢を考え、25歳や28歳を学校生活のゴールと標榜している学校も見受けられます。これは、中学・高校は社会に出るための基礎作りを行う場であると考えているからなのです。

そこで、お父様の出番なのです。学校選びの際には、社会に出た若者と身近に接している日頃の経験が生かされるのです。

思春期の子どもたちは、自己と対峙し、考え、悩み、自己形成を図るときに、自分の支えとなってくれる人を求めています。子どもたちは思春期に、友人との関係が思うようにいかないとか、勉強やクラブ活動でも悩み、自分の将来を考えてもよくわからない、どうしようという、人が育つための課題に直面します。これらの悩みは、自分だけでは解決できない試練です。当然、思春期は子どもがいらいらして、居場所が見つからず、心の不安定な状態にありますから、些細（ささい）なことでも無口になったり、強い言葉が出たりして反抗的になります。

社会で逞（たくま）しく活躍している若者も、実は、このような思春期の葛藤に苦しみながらも、いろいろな人に支えられ、そのことをよりどころにして生きる力を培ってきたのです。どうかお父様の目線で、お預けになられる学校がどれだけ時間と手間をかけて子どもと関わっているか、将来、社会に出たときに自信を持って行動できるような指導をしているか、説明会でよく見極め、学校選択をしていただきたいと思います。

浦和実業学園中学校

英語イマージョン教育で優秀な大学進学実績

「実学に勤め徳を養う」を校訓に、実学・徳育教育を行ってきた県内屈指の伝統校、浦和実業学園高校を母体に誕生した浦和実業学園中学校。「すべての生徒に価値ある教育を」をモットーにユニークな「英語イマージョン教育」を実践しています。この春、その第1期生が優秀な大学合格実績を残して巣立ちました。

第1期生、難関大学に多数合格

今春（中高一貫コース）第1期生が卒業しました。大学合格実績は、東京外国語、横浜国立、防衛大など国公立大に13名、早稲田9名、慶應4名、G-MARCH・東京理科大には48名が合格しました。これは在籍62名のみの実績です。

彼らの多くが「英語イマージョン教育」によって中学段階で「英語耳」を養い、英語力を武器に大学受験に臨みました。

教育の特色「三本の柱」

こうした実績を残すことができた浦和実業学園中学校の教育は、開校以来「三本の柱」に基づき展開されています。

①「ふりそそぐ英語のシャワー」

「体育・音楽・技術家庭・美術」の授業を、日本人とネイティブのチームティーチングにより英語で実施。また、1、2年生の各クラスには日本人の担任とネイティブの副担任がつき、HRでの挨拶や伝達なども基本的に英語で行っています。年2回実施している「GTEC」のスコアも全国平均を大きく上回っています。こうした「話す・聞く」の英語能力の向上は、大学受験にも好影響をおよぼします。

また、ハワイ島にある学園施設を利用した短期留学を高校1年で実施し、大自然から地球環境を学ぶなど、さらなるパワーアップをはかります。

②「大卒後を視野に入れた進路設計」

中高6年間の発達段階に応じて独自のキャリアプログラムにより年4回、6年間実施。各回ごとにテーマを設け、オリエンテーション・キャンプに始まり、職業体験・社会見学・博物館実習や各界から講師を招く講話の時間など多種多様に行います。

③「オアシス・スピリット」

机上の勉強だけでは身につかない「コミュニケーション能力」や「人間関係力」を、多様な取り組みや行事から身につけます。すでに高校で実績のある担任との交換日記により、生徒一人ひとりの心の変化を把握。また、併設の浦和大学での福祉体験など、特色ある行事で人間性を育みます。

万全な学習プログラム

「週6日制」「50分授業」、土曜日は90分2時限で確保される授業時間を使って反復学習を徹底、全生徒が主要5教科の基礎学力を身につけます。また、「朝トレーニング」では、英語・漢字・計算のドリルや読書を、放課後は指名制の「キャッチアップ補習」、希望制の「アドバンス補習」も行っています。春・夏・冬の長期休暇中には主要5教科の講習も実施します。

恵まれた環境ですごす6年間

浦和実業学園中学校は、JR南浦和駅から徒歩12分。抜群の立地条件にある高等学校の校地内に中高一貫コース専用新校舎を建設しました。

そこには生徒が気軽に訪れることができるよう、オープンスペースを確保した職員室や自習室、屋内運動場、多目的ルームなどがあり、2期生から7期生まで合わせて458名が毎日元気に生活しています。先生方はネイティブの先生と共に豊富な経験を生かし、学習はもとより、学校生活全般で生徒の指導にあたっています。

●学校説明会　11月 6日(日) 10:00～
●入試問題学習会　11月27日(日) 10:00～
(学校説明会実施)　12月18日(日) 10:00～
●公開授業　11月15日(火)～18日(金)
9:00～15:00
(10:00～ミニ説明会)
※いずれも予約不要・上履不要

2012年度 募集要項

	第1回(午前) A特待入試	第1回(午後) A特待入試	第2回	第3回	第4回
試験日	1月10日(火) 午前	1月10日(火) 午後	1月13日(金)	1月17日(火)	1月26日(木)
募集定員	25名	25名	40名	20名	10名
試験科目	4科 (国・算・社・理)	2科 (国・算)	4科(国・算・社・理)		
合格発表	1月11日(水)		1月14日(土)	1月18日(水)	1月27日(金)

浦和実業学園中学校

〒336-0025 埼玉県さいたま市南区文蔵3丁目9番1号
TEL 048-861-6131(代表)　FAX 048-861-6132

私立中学の入試問題にチャレンジ

江戸川女子中学校

●東京都江戸川区
東小岩5-22-1
●JR線「小岩」徒歩10分、
京成線「江戸川」徒歩15分
●TEL：03-3659-1241
●http://www.edojo.jp/

問題

右の図のような展開図を組み立ててできるさいころをたくさん作り，何個か組み合わせて立体を作ります。ここで，その立体の表面（下になっている面もふくむ）にある目の和を考えます。次の問に答えなさい。

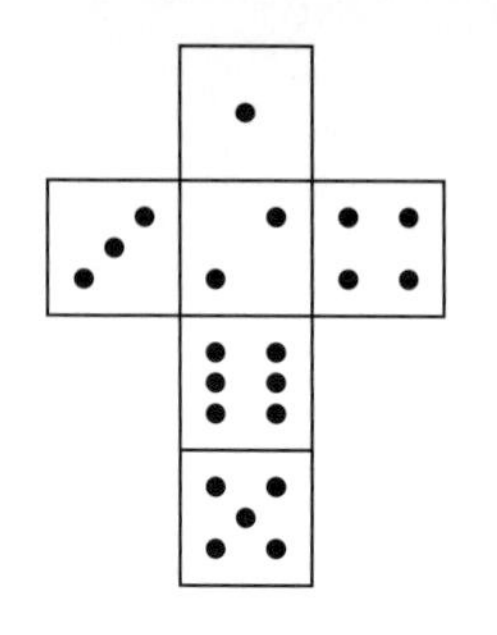

(1) 下の図１のように３つ組み合わせた場合，この立体の表面にある目の和を求めなさい。

(2) 下の図２のように４つ組み合わせた場合，この立体の表面にある目の和が最小になるときはいくつですか。

(3) 下の図３のように９つ組み合わせた場合，この立体の表面にある目の和が最大になるときはいくつですか。

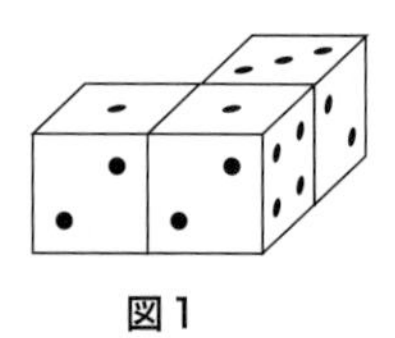

図１

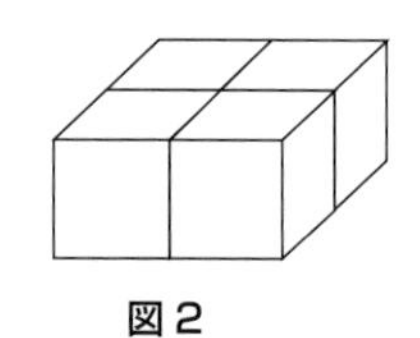

図２

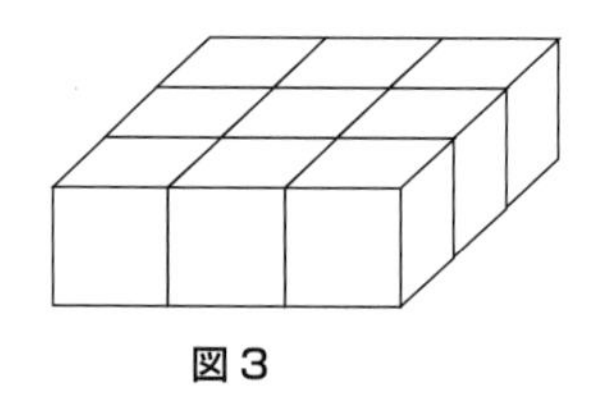

図３

解答 (1) 45 (2) 40 (3) 131

学校説明会（予約不要）
第4回
11月12日（土）10：00～12：00
第5回
11月28日（月）10：00～12：00

攻玉社中学校

●東京都品川区
西五反田5-14-2
●東急目黒線
「不動前」徒歩2分
●TEL：03-3493-0331
●http://www.kogyokusha.ed.jp/

問題

下の図は、相似である２つの直角三角形ABCとDCEを重ねたもので、３つの頂点B，E，Cは一直線上にあります。また、ACとDB，ACとDEの交点を、それぞれP，Qとします。
AB＝CE＝12cm、BC＝16cm，DC＝９cm、AC＝20cmであるとき、次の問いに答えなさい。

(1) 辺DEの長さを求めなさい。
(2) 三角形QECについて、次のものを求めなさい。
①周囲の長さ
②面積
(3) AP：PQ：QCを求めなさい。
(4) 三角形DPQの面積を求めなさい。

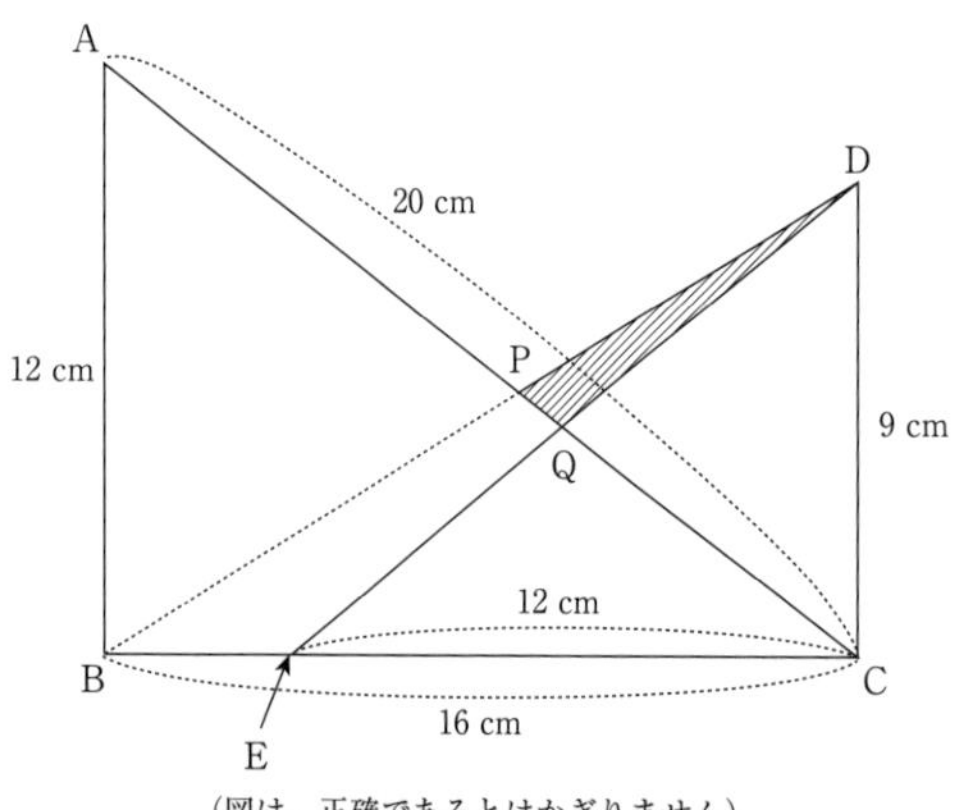

（図は、正確であるとはかぎりません）

解答 (1) 15cm (2) ①27cm ②27cm² (3) 32：3：21 (4) $\frac{27}{7}$cm²

入試説明会（小学6年生対象・予約不要）
12月3日（土）10:30～12:00
1月14日（土）10:30～12:00

文華女子中学校

学校説明会・体験学習日程

●2012年度入試 文華女子中学校と出会う日!

学校説明会

▶**11/12(土)** 14:00〜15:30
教育・募集内容説明、保護者説明、校舎見学、個別相談
テーマ カリキュラムとキャリア教育

▶**11/20(日)** 10:00〜11:00
教育・募集内容説明、生徒発表、校舎見学、個別相談
テーマ 英語教育・国際教育

▶**12/3(土)** 14:00〜15:00
教育・募集内容説明、生徒発表、校舎見学、個別相談
テーマ 中高一貫教育の担任指導

●個別の相談ができる日もあります!

個別入試相談日(要連絡)

▶**11/3〜12/23**の土・日・祭日
10:00〜15:00

▶**1/10〜1/31**の毎日
10:00〜15:00
※上記以外の日は、お問い合わせください。

体験学習(オープンスクール)

▶**12/24(土)** 10:00〜13:00
「親と子の体験学習」、入試体験、ミニクリスマス会

入試問題解説会

▶**1/14(土)** 14:00〜16:00
「入試問題の解説と対策」

●小学5年生以下対象です。

入試結果報告会

▶**2/25(土)** 10:00〜11:30
入試結果報告、校舎・授業見学・懇談

学校法人 日本文華学園
文華女子中学校
http://www.bunkagakuen.ac.jp/
Eメール:jnyushi@bunkagakuen.ac.jp
〒188-0004 東京都西東京市西原町4-5-85
TEL.042-463-2903(事務) TEL.042-463-3161(教務)
FAX.042-463-5300

世界の星を育てます

中学１年生から英語の多読・多聴を実施しています。
また、「わくわく理科実験」で理科の力を伸ばしています。

学校説明会

11月12日（土）
14:00～
模擬試験（小6対象）
【要予約】

11月25日（金）
19:00～
Evening

12月17日（土）
14:00～
入試問題解説

1月14日（土）
15:00～
面接リハーサル（小6対象）
【要予約】

※説明会は予約不要

学校見学

月～金　9:00～16:00
土　9:00～14:00

※日曜・祝日はお休みです。
※事前にご予約のうえご来校ください。

入学試験

2月　1日（水）
2月　2日（木）
2月　4日（土）

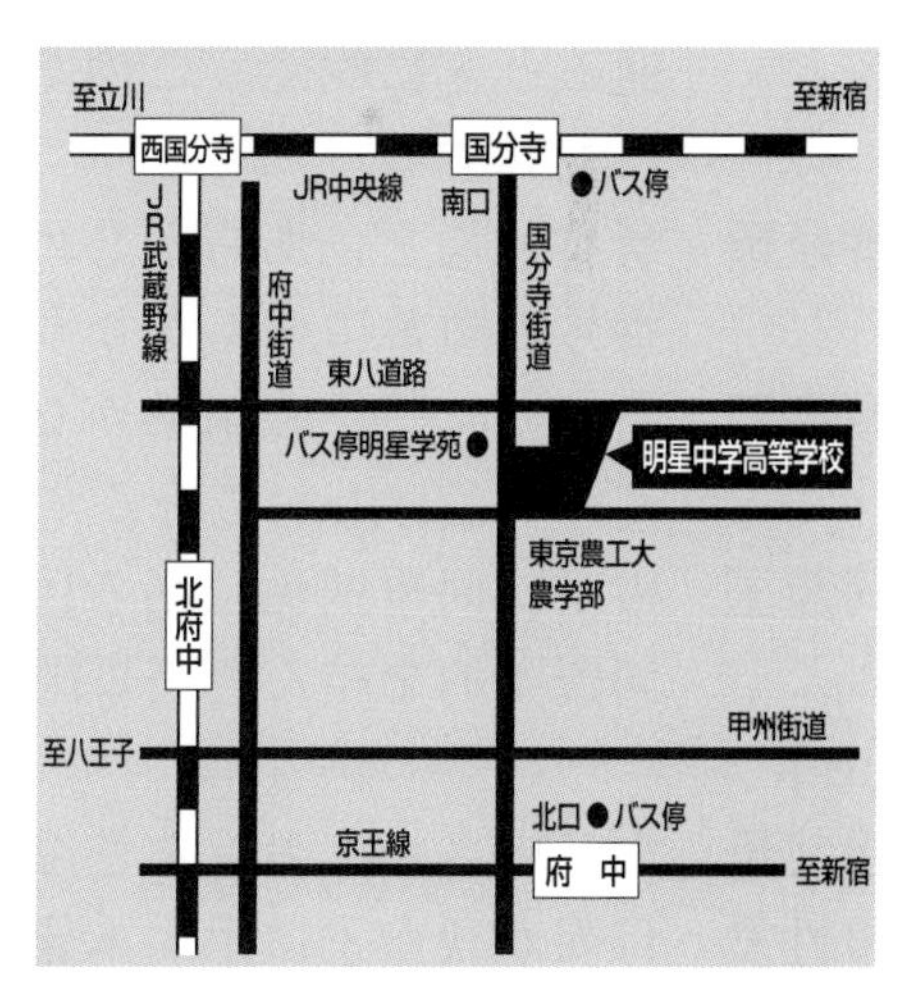

ご予約、お問い合わせは入学広報室までTEL．FAX．メールでどうぞ

MEISEI

明星中学校

〒183-8531　東京都府中市栄町1－1　入学広報室
TEL　042-368-5201(直通)　FAX　042-368-5872(直通)
（ホームページ）　http://www.meisei.ac.jp/hs/
（E-mail）pass@pr.meisei.ac.jp

交通／京王線「府中駅」
　　JR中央線／西武線「国分寺駅」 ］ 徒歩約20分
　　または バス（両駅とも2番乗場）約7分「明星学苑」下車
　　JR武蔵野線「北府中駅」より徒歩約15分

ジュクゴンザウルスに挑戦

答え　熟語パズル

問題は88ページ

国文学

答えは下の【A】【B】【C】のようになる。真ん中のマスに入った漢字は「国」「学」「文」で、並べ替えてできる三字熟語は「国文学」。「こくぶんがく」と読み、日本の文学や文学作品をさします。また、それを研究する学問のことです。

【A】

春	一	番
盟	国	号
同	不	順

【B】

祖	父	母
理	学	性
心	国	愛

【C】

救	世	主
話	文	人
会	聴	公

今回出てきた三字熟語は、すべて二字熟語に一字の漢字がプラスされて、その意味ができているよ。隠されている二字熟語を探してみよう。〈ジュクゴンザウルス〉

熟語の意味

【A】

春一番　立春のころ、その年、初めて吹く強い南風。発達した低気圧が日本海を通るときに吹く。このため気温が急に上昇する。

番号順　背番号など、あらかじめつけられた番号の順番に並んだりすること。

順不同　並べ方に一定の基準がなかったり、基準を設けないこと。

同盟国　相互に同盟関係にある国家をさす。同盟条約を結んだ当事国。

【B】

祖父母　おじいさんとおばあさん。

母性愛　母親が我が子に示す本能的な愛情。

愛国心　自分の国を愛する心。母国の名誉・存続などのために行動する心。

心理学　人の意識や行動を研究する学問。

【C】

救世主　苦しい状態に置かれている会社や人を救う働きをした人。イエス・キリストのことも、このように呼ぶ。

主人公　事件や小説・演劇などの中心となる人物。

公聴会　一般に影響が大きい重要な事項を決定するとき、関係者・学識経験者などから意見を聴く会。

会話文　会話をそのまま文字形式にした文。シナリオや小説の会話部分など。

【図2】

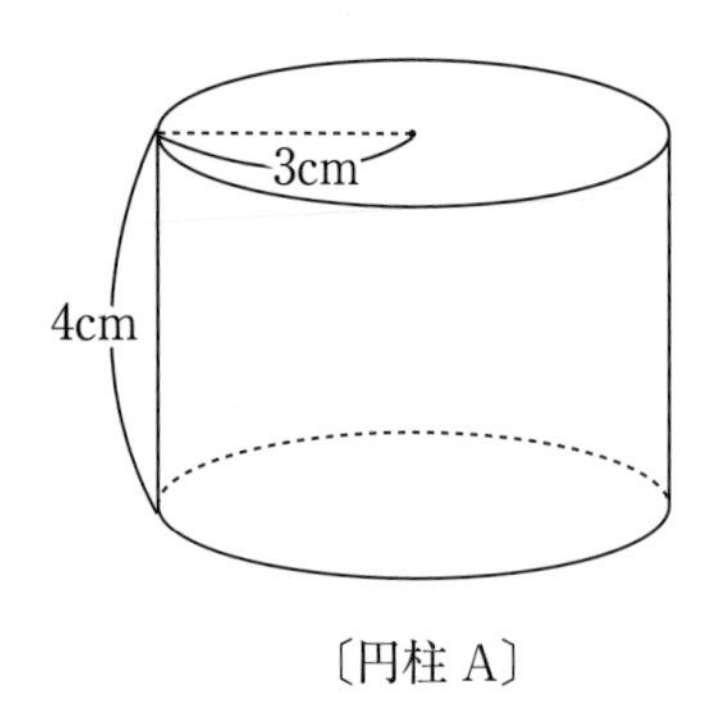

〔円柱 A〕

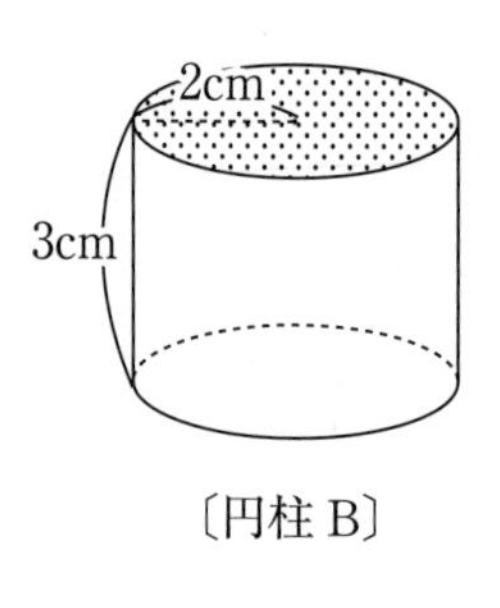

〔円柱 B〕

仮に、大きい方を円柱A、小さい方を円柱Bとします。
すると、求める立体の表面積は、
①円柱Aの側面
②円柱Bの側面
③円柱Aの底面（立体の下側）
④立体の上側（立体を真上から見たとき【図3】のようになり、③と同じ面積と分かります。）

【図3】

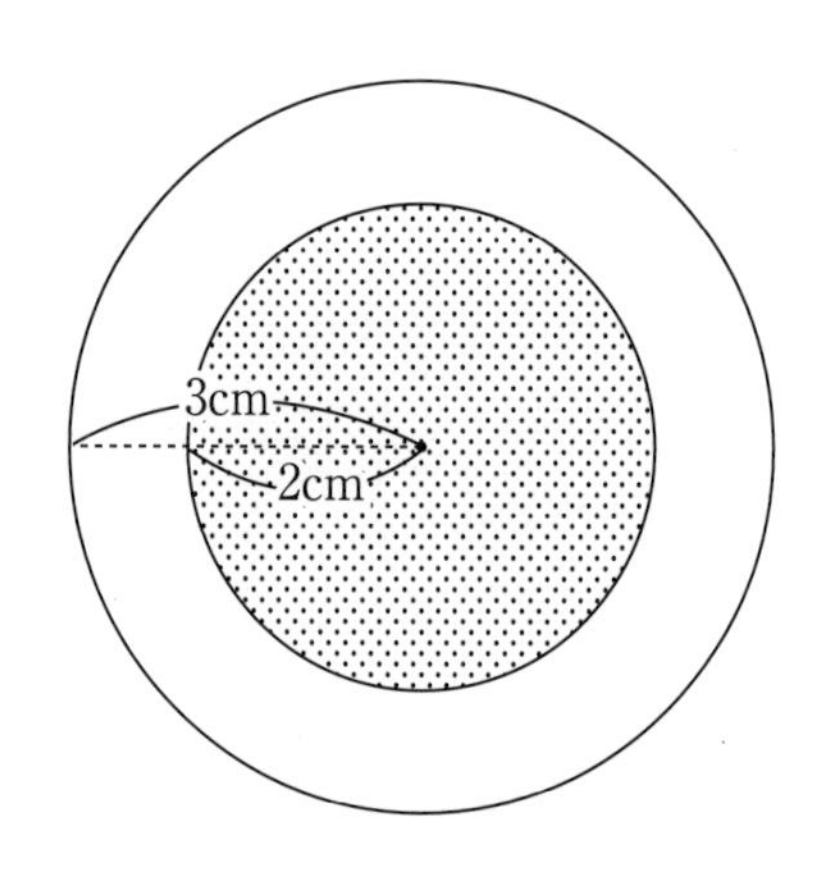

したがってそれぞれの部分の面積を求める式は、
①$3 \times 2 \times 3.14 \times 4$
②$2 \times 2 \times 3.14 \times 3$
③$3 \times 3 \times 3.14$
④$3 \times 3 \times 3.14$
これらを、そのまま計算してもよいのですが、ちょっと工夫すると、3.14倍するかけ算は１回するだけで済みます。

$(3 \times 2 \times 3.14 \times 4) + (2 \times 2 \times 3.14 \times 3) + (3 \times 3 \times 3.14) \times 2$
$= (3 \times 2 \times 4 + 2 \times 2 \times 3 + 3 \times 3 \times 2) \times 3.14$
$= (24 + 12 + 18) \times 3.14$
$= 54 \times 3.14 = 169.56$ (cm²)

（解答）　169.56 cm²

2011 この問題解けるかな？

今月号の問題は、2011年「早稲田実業学校中等部」の入学試験問題「算数」1（4）で出題されたものです。

問題

直線 l を軸として，右の図形を１回転させてできる立体の表面積を求めなさい。ただし，円周率は 3.14 とします。

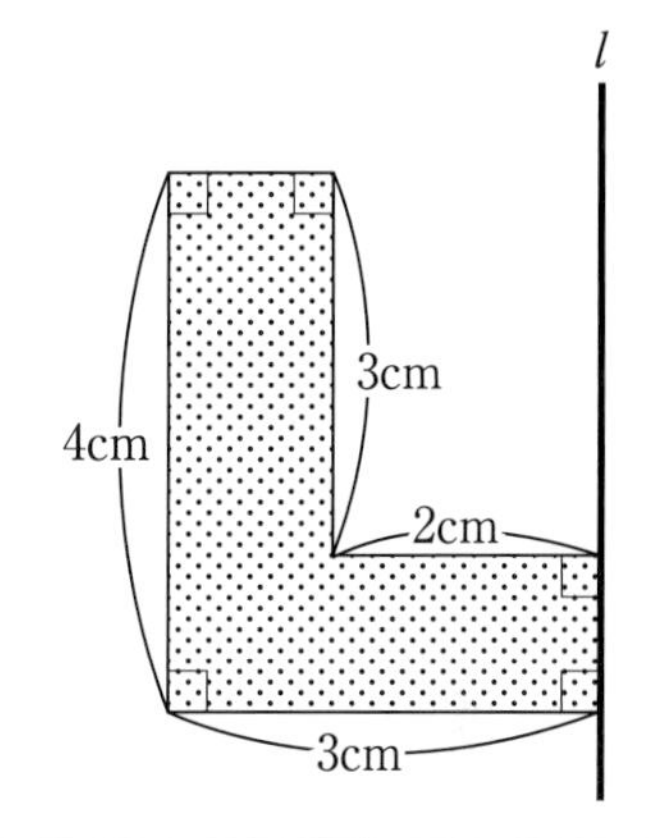

解説と解答

回転体の表面積を求める問題です。きわめて基本的なもので、順序立てて、的確な考え方を進めていけば解ける問題です。

これは、早稲田実業学校中の算数問題としては、かなりやさしい部類に入る問題で、1の冒頭にある４題の小問のうちのひとつとして出題されています。面積を求める式を立てたあと、計算を工夫することで答えを求めやすくなる点にも注意してください。

まず、中心軸 l を軸として、この図形を１回転したときにどんな立体ができるのかをイメージしてみましょう。すると、【図１】のような立体であることが分かります。

【図1】

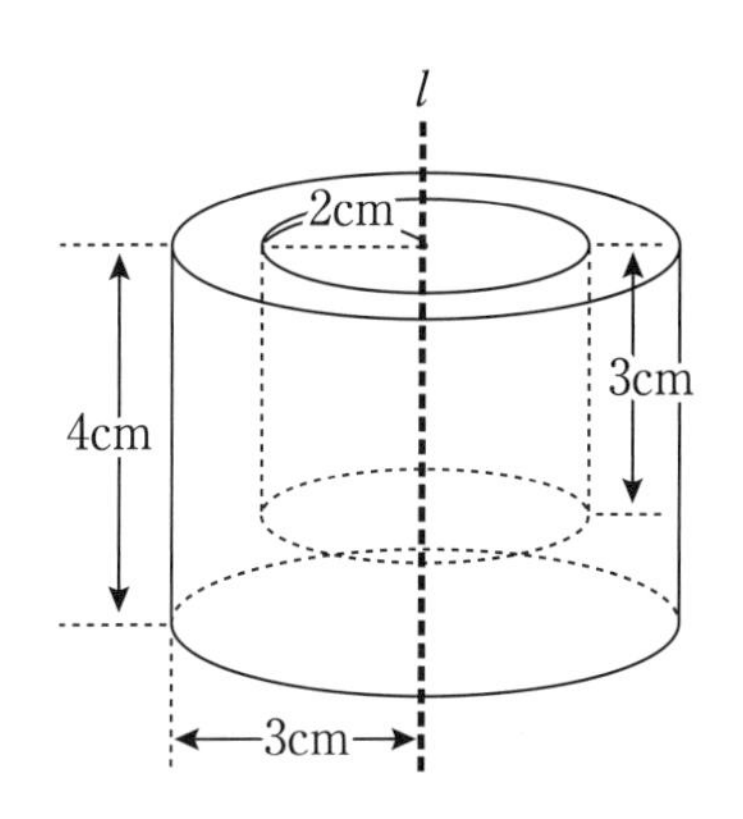

つまり、底面の半径３㎝・高さ４㎝の円柱のなかに、底面の半径２㎝・高さ３㎝の円柱分が空間となっている立体です。

これを分かりやすくするために、２つの円柱として分けてかいてみると【図２】のようになります。

都立高等学校等合同説明会

東京都立立川高等学校
10:00～16:00

参加予定校

◎東京都立大泉高等学校附属
◎東京都立立川国際　◎東京都立富士高等学校附属　◎東京都立三鷹
◎東京都立南多摩
◎東京都立武蔵高等学校附属

2011
11/6(日)

お問い合わせ

東京都教育庁都立学校教育部高等学校教育課
☎03-5320-6742

寮のある学校合同相談会in横浜

崎陽軒本店6階
13:00～16:00

参加予定校

◎岩田　◎沖縄尚学高等学校附属　◎片山学園　◎暁星国際
◎近畿大学附属豊岡　◎公文国際学園　◎佐久長聖　●静岡聖光学院
◎秀光　◎如水館　◎土佐塾　●那須高原海城　◎西大和学園
○函館白百合学園　●函館ラ・サール
◎広島新庄（資料参加）　◎茗溪学園
◎立命館慶祥　◎麗澤瑞浪

2011
11/15(火)

お問い合わせ

佐久長聖中学校・高等学校
☎0267-66-1166

学校情報を1度にゲット！
合同説明会

2011年
11月1日(火)～11月30日(水)

●…男子校　○…女子校
◎…共学校　□…別学校

武蔵野東中学校

きみの夢、東から

15歳のチャレンジスピリット
難関高校に挑戦

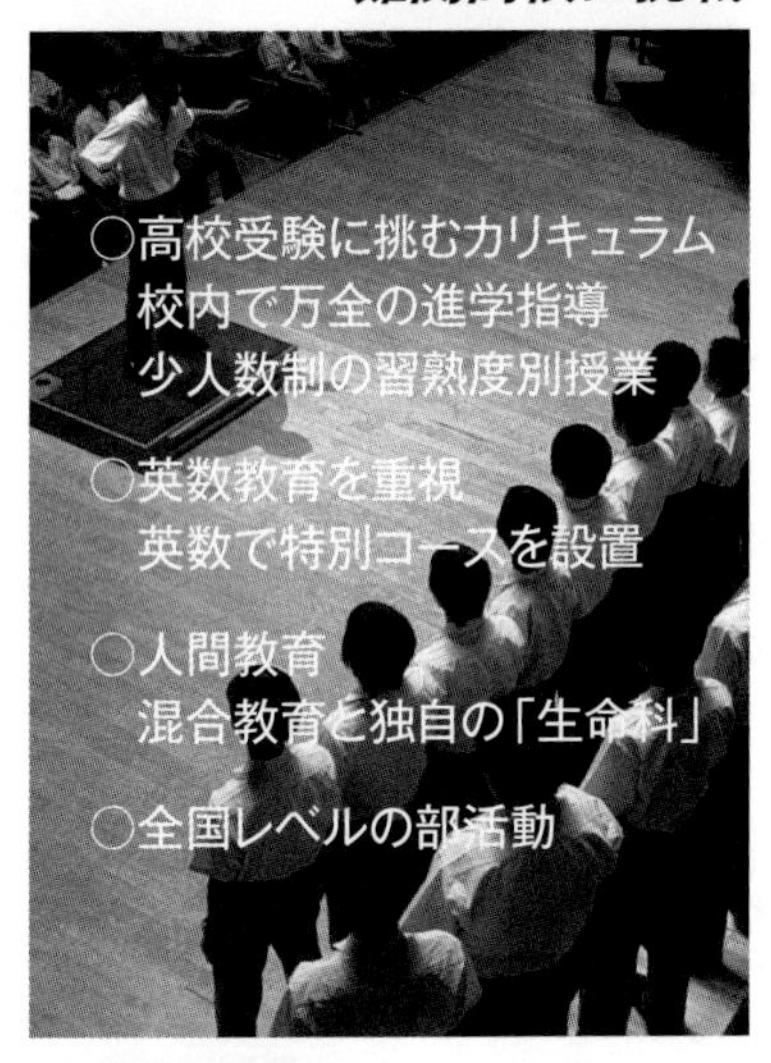

○高校受験に挑むカリキュラム
校内で万全の進学指導
少人数制の習熟度別授業
○英数教育を重視
英数で特別コースを設置
○人間教育
混合教育と独自の「生命科」
○全国レベルの部活動

学校説明会 ※申し込み不要

◆11月 5日(土)
◆12月13日(火)
◆ 1月14日(土)
各回とも 10:00〜12:00

ナイトタイム説明会 ※要 申し込み

12月 1日(木) 18:00〜20:00

公開体験講座 ※要 申し込み

◆11月19日(土)
◆11月26日(土)
各回とも 10:30〜12:00

講座内容：テニス、ダンス
体操、理科実験

入試問題解説講座 ※要 申し込み

◆12月10日(土)
◆ 1月14日(土)
各回とも9:00〜12:00

武蔵野東中学校
〒084-0003 東京都小金井市緑町2-6-4
TEL 042-384-4311
FAX 042-384-8451
http://www.musashino-higashi.org/chugaku/php
交通 JR中央線東小金井 北口下車 徒歩７分

寮のある学校合同相談会in東京

東京ガーデンパレス2階
13:00〜17:00

2011 11/16(水)

参加予定校

◎岩田 ◎沖縄尚学高等学校附属 ◎片山学園 ◎暁星国際
◎近畿大学附属豊岡（資料参加） ◎公文国際学園 ◎佐久長聖
●静岡聖光学院 ◎秀光 ◎如水館 ◎土佐塾 ●那須高原海城
◎西大和学園 ◯函館白百合学園
●函館ラ・サール ◎広島新庄（資料参加）
◎茗溪学園 ◎立命館慶祥 ◎麗澤瑞浪

お問い合わせ
佐久長聖中学校・高等学校
☎0267-66-1166

TX沿線私立中学校合同説明会

江戸川大学サテライトセンター
10:30〜16:00

2011 11/27(日)

参加予定校

●足立学園 ◎春日部共栄 ◯北豊島 ◎共栄学園 ◎芝浦工業大学柏
◎常総学院 ◯聖徳大学附属女子 ◎西武台千葉 ◎専修大学松戸
◎土浦日本大学 ◎獨協埼玉
◎二松學舍大学附属柏 ◯三輪田学園
◎茗溪学園 ◎麗澤 ◯和洋国府台女子

お問い合わせ
麗澤中学・高等学校内 TX沿線合同説明会係
☎04-7173-3700

※掲載された内容は変更になることがございます。必ず各中学校にお問い合わせのうえ、お出かけください。

ー中学受験のお子様を持つ親のためにー

わが子が伸びる親の『技（スキル）』研究会のご案内

主催：森上教育研究所　協力：「合格アプローチ」他

（ホームページアドレス）http://oya-skill.com/（携帯モバイルサイト）http://oya-skill.com/mobile/

平成23年度後期講座予定

第7回　11月8日（火）

算数　宮本　哲也（算数・数学・パズル教室主宰）

テーマ：お子さんが低学年の間にやるべきことやるべきでないこと【幼児～小4】

内容：私の教室には算数が得意な子がたくさんいますが、彼らは例外なく、算数が大好きです。得意だから好きになったわけではなく、好きだから得意になったのです。彼らは自分で考えることを好み、人から教わることを好みません。算数が好きな子になるための環境作りを考えてみませんか？

注意：会場は私学会館です

申込〆切11/4（金）

第8回　11月10日（木）

社会　早川　明夫（文教大、学研『応用自在』、予習シリーズを執筆）

テーマ：社会時事問題対策【小4～小6対象】

内容：入試においては例年８割以上の学校で時事問題が出題されています。ところが、時事問題は教科書や塾のテキストにはふつう載っていません。そこでどうしても時事問題に対する対策が必要です。本講演においては、時事問題の学習法とあわせて国内外の重要な出来事を解説し、来年度入試の予想（時事問題関係を中心に）をお話したいと思います。尚、近年増加傾向にある理科関連の時事問題についても触れる予定です。

満席になりました

第9回　11月17日（木）

理科　小川　眞士（小川理科研究所主宰、予習シリーズなどを執筆）

テーマ：理科の時事問題に関して【小4～小6対象】

内容：自然現象や災害・環境問題に関する関心が高まっている現在、理科の時事問題の出題は近年確実に増加しています。時事問題に関しては教科書や塾のテキストには載っていないことから、その年ごとの具体的な対策が必要です。研究会では理科に関係する時事問題に関して、おうちの方がお子さまと確認する上でのポイントを具体的におさえます。入試により直結する内容をお話しいたします。

満席になりました

第10回　11月24日（木）

理科　恒成　国雄（Tサイエンス主宰）

テーマ：生活科から理科への変換【小1～小5対象】

内容：最初の理科で何をやるかによって、将来「理系」になるのか「理科嫌い」になるのかが決まってくると思います。生活科だけでは不足する理科を家庭でどのように補うか？　また、どのような理科からスタートすればよいのかを具体的にお話いたします。

注意：会場は私学会館です

申込〆切11/22（金）

第11回　11月29日（火）

社会　早川　明夫（文教大、学研『応用自在』、予習シリーズを執筆）

テーマ：社会　来年度入試をうらなう【小4～小6対象】

内容：来年度の入試において、出題される可能性が高い予想問題を地理、歴史、公民、時事問題の4分野用意し、解答・解説を行う。「社会時事問題対策」の応用バージョン。

満席になりました

平成23年度後期ワークショップ予定

第3回　11月23日（水・祝）

コーチ　吉本　笑子（花マル笑子塾主宰）

テーマ：小学6年生で伸ばす、小学4・5年生の学習力育成術【小2～小5対象】

内容：受験学年になって伸びる子は、「自分にあった学び方」を知っています。ポイントは、過度な無理をさける工夫をすること。そこで、「その子にあった学習方法」をタイプに分けてご紹介します。少々ゆっくりでも、日々の学習に手ごたえを感じられる学習を経験させてあげて下さいね。

申込〆切11/21（月）

第4回　12月2日（金）

英語　木村　千穂（英語絵本ブッククラブ主宰）

テーマ：多読につなげる英語絵本の始め方―X'masバージョン【未就学児～小6対象】

内容：今回のX'masバージョンでは、この季節に相応しい絵本をご紹介します。東大入試攻略にも多読が効くことが理解され始めました。多読、とは、やさしい絵本からスタートし、徐々に語彙レベルを上げながら多くの英文を読むことによって総合的な英語力を身につけていくという最近注目の英語学習法です。ご家庭で幼児から、お母さまが始められる効果的な多読へのアプローチをご提案いたします。※初めてご参加の方には、講師著作小冊子「英語絵本でコミュニケーション」「英語絵本でコミュニケーション2」の2冊をセットでプレゼントします。

申込〆切11/30（水）

第5回　12月5日（月）

国語　早川　尚子（HP国語の寺子屋主宰）

テーマ：国語が大好きになり、親子の絆も深まる家庭学習法【幼～小4対象】

内容：楽しく学ぶことと厳しくしつけること。母親としてこの２つのことが自在にできるなら、学力向上、家庭円満まちがいなしです。その秘訣をご一緒に考えてみましょう。そして、「お母さんが教える国語」の「印つけとメモ書き」の初歩もお伝えいたします。

申込〆切12/1（火）

◇時間：各回とも午前10：00～12：00　詳しくはHPをご覧下さい。
◇会場：第7回、第10回のみアルカディア市ヶ谷私学会館（JR・地下鉄市ヶ谷駅下車）
それ以外は森上教育研究所セミナールーム（JR・地下鉄市ヶ谷駅下車）→http://oya-skill.com/profile.html
※講座によって会場が異なります。上記ご確認ください。
◇料金：各回3,000円（税込）
◇お申込み方法：❶HP（http://oya-skill.com)からのお申込
❷FAX・メールでお申込→①保護者氏名②お子様の学年③郵便番号④ご住所⑤電話番号⑥参加希望講座名⑦WEB会員に登録済みか否かを明記して下さい。※申込〆切日16時までにお申込下さい。

お電話でのお申込みはご遠慮下さい

お問い合わせ　：森上教育研究所　メール：ent@morigami.co.jp　FAX:03-3264-1275

美桜さんとお父様

花マル小学生

つい花マルをあげたくなってしまうほど
頑張っている小学生を紹介する『花マル小学生』。
今回は早稲田アカデミー八千代台校に通う
新井美桜（みお）さん（小4）とお父様にお話を伺ってきました。
「宇宙から地球を見てみたい」
そんな夢を笑顔で語ってくれました。

バランス良く組まれた計画表に基づき勉強に取り組んでいます

——早稲田アカデミーに通い始めたのはいつからですか？

お父様　小学校3年生のカリキュラムがスタートしたのと同時に入塾させました。きっかけは、親子で算数の授業を体験させてもらい、その授業が美桜に合っていると思ったからです。

——中学受験はいつ頃から考えられましたか？

お父様　本格的に決めたのは3年生の終わりごろです。※マンスリーテストを定期的に受けていて、良い結果を出すことに対して前向きに取り組むようになり、受験に向けた覚悟ができたのかなと思いました。

——早稲田アカデミーに通われる前は何か勉強されていましたか？

お父様　「前向きに勉強しよう。様々なことをやってみたい」という意欲が高い子だったので、本人の興味に合わせて、学習面に限らずいろいろと体験させました。ただ、学校での学習範囲を超えた内容を特別に勉強させていたわけではありません。

——得意な科目と苦手な科目、好きな科目と嫌いな科目を教えてください。

美桜さん　苦手な科目や嫌いな科目はありません。得意な科目も好きな科目も特にありませんが、どの科目も同じように取り組もうと心掛けています。

お父様　苦手科目を作らないように、バランス良く勉強しようと努力している様子が見受けられます。

——勉強は家のどこでされていますか？

美桜さん　自分の部屋で勉強しています。

お父様　最初はひとりで勉強させることに不安もありましたが、まじめに勉強に対して取り組んでいるので、信頼

※早稲田アカデミーに通う小学校3年生が受験する塾内テスト

美桜さんの漢字練習必勝法！

「漢字の学習」を3日間に分けて練習します。
1日目…新出漢字を書き順通りに5回以上練習。練習問題を例文ごと1回ずつ書き写す。
2日目…新出漢字8個分を小テストする。
3日目…新出漢字8個の練習問題1番を小テスト。次に2番を小テスト。3～5番も同じように小テスト。

美桜さん

美桜さんの漢字練習ノート

美桜（みお）さんの一週間

時刻目盛：6:00 / 7:00 / 8:00 / 9:00 / 10:00 / 11:00 / 12:00 / 13:00 / 14:00 / 15:00 / 16:00 / 17:00 / 18:00 / 19:00 / 20:00 / 21:00 / 22:00 / 23:00 / 24:00

月曜日	朝食 → 学校 → 学校の宿題 翌日の準備 → 勉強 → 夕食 → 入浴 → 自由時間 → 勉強 → 就寝
火曜日	朝食 → 学校 → 学校の宿題 翌日の準備 → 勉強 → 夕食 → 入浴 → 自由時間 → 勉強 → 就寝
水曜日	朝食 → 学校 → 学校の宿題 翌日の準備 → 自由時間 → 早稲田アカデミー → 入浴 → 就寝
木曜日	朝食 → 学校 → 学校の宿題 翌日の準備 → 勉強 → 夕食 → 入浴 → 自由時間 → 勉強 → 就寝
金曜日	朝食 → 学校 → 自由時間 → 早稲田アカデミー → 入浴 → 就寝
土曜日	朝食 → 勉強 → 自由時間 → 昼食 → 土曜カリキュラムテスト（YT教室） → 学校の宿題 月曜日の準備 YT教室の復習 → 夕食 → 入浴 → 自由時間 → 勉強 → 就寝
日曜日	朝食 → 勉強 → 自由時間 → 昼食 → 勉強 → 自由時間 → 夕食 → 入浴 → 自由時間 → 就寝

チェックポイント
土曜カリキュラムテスト（YT教室）の復習は即座に行う。日曜日は思い切ってリフレッシュ

力を入れて作成している白地図。各地方別に山脈や平野などの授業内容を盛り込み、オリジナルの白地図を完成させます。

してひとりで勉強させています。

―― 勉強でわからないことが出てきたら、誰に教えてもらいますか？

美桜さん　塾の先生に質問するようにしています。簡単なことであればお父さんに聞くこともあります。

―― お父様とお母様の役割分担を教えていただけますか？

お父様　共働きなので、平日は美桜をほとんど見てあげることができません。ただ、学習面については私がチェックするようにしています。スケジュール管理がメインですね。

土曜カリキュラムテスト（YT教室）は弱点を把握するための効果的なツールとして活用

―― 早稲田アカデミーに通って良かったと思うことを教えてもらえますか？

美桜さん　勉強する範囲が広くなりました。そのおかげで、いろいろなことに興味を持てるようになったと思います。

―― 土曜カリキュラムテスト（YT教室）を受講されて良かったと思われることを教えていただけますか？

お父様　頭では理解している内容でも、テストの答案で正しい答えを書くことは難しいということを痛感できたようです。また、学習サイクルの目安になること、未習得の部分が明らかになること、そして、テスト自体に慣れてきたことが大きいですね。当初は早稲田アカデミーへの往復時間を含めると半日を要していたため、どうしても負担感が大きかったのですが、今は効果的に活用できているように感じています。

美桜さん　少し複雑な問題でも、短時間で考えられるようになったと思います。また、解説授業の中で重要だと感じたポイントはメモして、家に帰ってから復習するようにしています。

―― 土曜カリキュラムテスト（YT教室）や組分けテスト前に必ず行っていることはありますか？

美桜さん　予習シリーズの見直しです。特に先生が「ポイントだよ」と授業中に強調されたところは、必ず見直すようにしています。

お父様　週テストで間違えた部分の見直しもしているようですが、前日に予習シリーズを確認することが一番重要だと思っています。

―― ライバルはいますか？

美桜さん　ライバルと競争することももちろんですが、テストで自分の実力を発揮できるように頑張っています。

―― テストで良い点数を取るためのコツはありますか？

美桜さん　ミスをしないことです。まずは落ち着いて問題をよく読むように自分に言い聞かせています。

―― 今後の目標はありますか？

お父様　自分が勉強してきたことを無駄なく解答に反映させること。これが美桜にとって一番身近な目標のようです。

―― 学習面において何か決まったルールはありますか？

美桜さん　宿題は全部こなそうとするのではなく、自分が理解できていないところを見つけるために行うようにしています。

お父様　宿題が多めなので、「宿題をこなすために宿題をする」のではなく、学習を定着させるためのツールとして、宿題をさせるように意識しています。

日曜日は思い切ってリフレッシュ！よくキッザニア東京に出かけます

―― 何か習い事をしていますか？

美桜さん　両親の仕事と学校やスケジュールの関係で、今は何もできなくなってしまったのですが、3年生の終わりまではスイミングを習っていました。他にもアイススケートや料理など、小さい頃からいろいろなことにチャレンジしてきました。

お父様　自治体が開催する体験教室などに参加したがることが多く、時間が許す限りは積極的に体験させてきました。

——どんなことで息抜きをしていますか？

美桜さん　映画を観ることです。最近では『ライフ―いのちをつなぐ物語―』を観に映画館へ行きました。また、キッザニア東京や科学未来館にはよく連れて行ってもらいます。ときどき連れて行ってもらえるディズニーランドも大好きです。

——いつも欠かさずに見ているテレビ番組はありますか？

美桜さん　9月で終わってしまいましたが、『飛び出せ！科学くん』（TBS系）が好きでした。

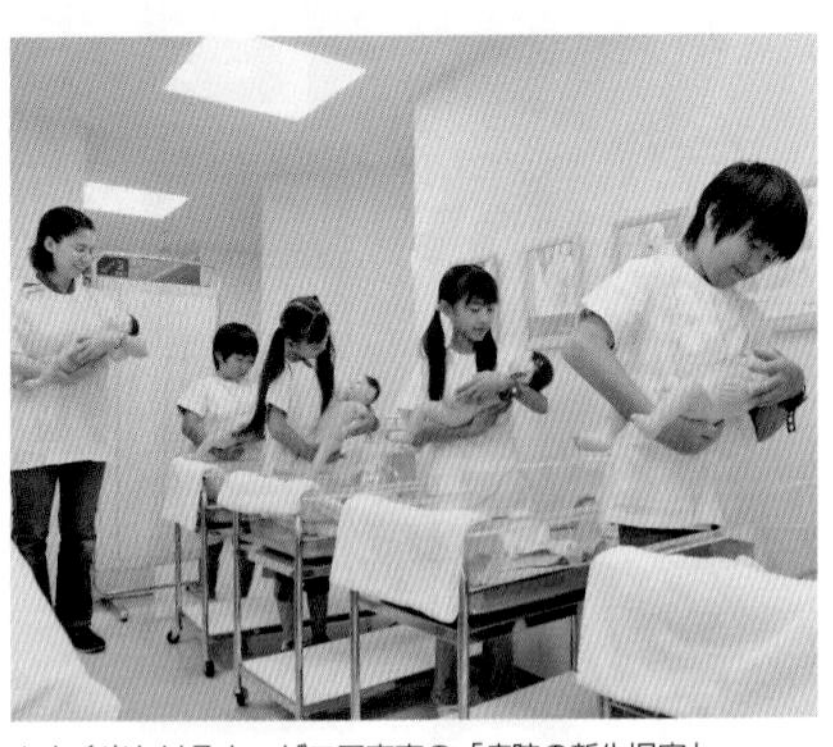
▲よく出かけるキッザニア東京の「病院の新生児室」

——自分だけのやる気を高める学習方法はありますか？

美桜さん　「漢字の学習」に関してですが、3日間で完成させるというやり方をしています。この方法で勉強するようになってから、漢字に自信が持てるようになりました。

お父様　1日目は漢字を書き順通りに5回以上練習し、そのあと、練習問題を例文ごと1回ずつ書き写します。2日目は練習問題を順番に解き、3日目には新出漢字8個の練習問題を1番だけ解き、次に2番、3番と解いていきます。このやり方を教えてもらってからは、ずっとこの練習方法を実践しているようです。

——先生やお父さん、お母さんに言われて一番うれしかった言葉は何ですか？

美桜さん　一生懸命頑張っているときに、お父さんから「頑張っているね」とほめてもらったことがあり、とてもうれしかったです。

お父様　正解しても間違ったとしても、その過程で一生懸命に考えている姿勢が見受けられれば、ほめるようにしています。反対に、問題を解く過程を見たときに手を抜いたことがわかれば、厳しく注意するようにしています。

将来の夢は宇宙から地球を見ること

——志望校は決まっていますか？

美桜さん　まだ決めていません。自分が楽しむことができる学校を見つけて、進学したいと思っています。

お父様　通学時間がかかり過ぎてしまう学校は避けたいと思っています。また、勉強を頑張ることだけではなく、一番大切な中・高時代を心から楽しむことができるような学校を探したいと考えています。

——どんなときに楽しさや充実感を感じますか？

美桜さん　お友達と話したり、遊んだりしているときです。

お父様　友人関係を含めた周りの環境が大切ではないでしょうか。

——美桜さんにはどんな大人になってほしいと思われますか？

お父様　今はまだ甘えているのか、「お父さんがやってくれるだろう」と思っているように感じることもあるので、自分の力で困難を乗り越えていけるような、力強い大人になってほしいと思います。

——将来やってみたい仕事はありますか？

美桜さん　宇宙に関係する仕事ができたら最高です。夢は、宇宙から地球を見てみたいです（笑）。

美桜さんに聞いた

土曜カリキュラムテスト（YT教室）に取り組むうえで気をつけている3つのこと

1. 解説授業で説明されたことを中心に復習を行う
2. 間違えた問題に類似した問題を解くことで、同じミスを繰り返さないようにする
3. 時間が足らずに十分考えられなかった問題を、じっくりと解き直す

美桜さんのお父様に聞いた

土曜カリキュラムテスト（YT教室）を受講してプラスになった3つのこと

1. 学習サイクルの目安となっていること
2. 未習得の部分が明確になること
3. テスト自体に慣れることができること

誰もが抱える悩みをパパッと解決！

福田貴一先生の福が来るアドバイス

学習効果を高めるためには何が必要？

早稲田アカデミー
千葉ブロック統括責任者
福田　貴一

「基礎を身につけようね」と励ましの言葉をかけたり、塾に通わせる―。これは、保護者の皆さまがやろうと思えばいつでもできることです。しかし、親がどんなに与えても、期待しただけの効果が子どもに現れるかは別問題です。

では、どうすれば子どもたちの学習効果を高めることができるのでしょうか。このことについて考えてみましょう。

「始める＝効果がでる」ではない!?

「なかなか成績が伸びない」「塾の授業についていけないようだし、宿題が完璧にできない」。子どもを塾に通わせ始めたばかりの保護者の方で、このように感じられたことがある方は多いのではないでしょうか。

では、塾をスイミングに置き換えてみましょう。習い始めてすぐに、「うちの子はまだ50メートル泳げない」と悩まれるでしょうか。泳げなかった子が水に浮けるようになったことを喜び、少しでも泳げたら「すごいね！」とほめませんか？　塾もスイミングと同じです。塾に入ったから問題が解けるのではなく、解けるようになるために塾に入ったのです。できれば塾についてももう少し気長に見守りたいものです。

とはいっても、塾の場合、受験や進学などの時期が決まっているため、少しでも効率良く、効果的に学習を進めたいのは当然です。そのためには、学ぶための準備、つまり、子どもがその教育を受け入れることができるほどに発達し、能力的にも十分かどうか見極める必要があります。この「学ぶための準備」を教育心理学用語では【レディネス】といいます。

成熟優位説と学習優位説

実は、子どもたちの発達には2つの説があり、ひとつを「成熟優位説」といい、もうひとつを「学習優位説」といいます。

「成熟優位説」は、身体と精神が成熟し、学ぶための準備が整った状態で必要なことを学習させれば、より効果的な学習ができ、能力が高まるという考え方です。

一方、「学習優位説」は、基礎から順番に指導すれば、子どもの成熟度に関係なく学力は身につくという考え方です。これは乳幼児期からの英語教育や幼稚園児から珠算を学ばせるなど、早期教育の裏付けになっている説です。

一見すると、どちらの説も正しそうですが、「成熟優位説」の場合、"【レディネス】に応じて学ばせなければ、後からどんなに努力しても一生身につかない"という考え方には多少の疑問が残ります。また、「学習優位説」にしても、順番通りに学べば次々に理解が進むのは当然ですが、"どんなに幼くても"という考え方には無理があるようにも思われます。

成熟度とカリキュラムが育てる【レディネス】

「成熟優位説」と「学習優位説」。これまで子育てをされてきた経験から考えて、このふたつのどちらかだけが正しい―、そう思うことができるでしょうか？

子どもに何かを教えようとするとき、やはり心身の成熟に合わせて教えなければならないこともたくさんあります。たとえば、トイレトレーニングもそのひとつです。反対に、ある一定の時期にできれば教えたいこともあります。学習面ならば、たとえば、小学校1年生から4年生くらいまでの間に計算問題などで頭を回転させる経験や「勉強することが楽しい」という体験を積んでおかないと、高学年になったときに「私には無理」「勉強が嫌い」となりかねません。

また、順番に学ばせることも大切です。中学生で学ぶ二次方程式を、足し算、引き算ができない幼稚園児に教えても解けるはずがありません。足し算と引き算ができるようになり、掛け算、割り算を学ぶ。そのうちに式の処理がスムーズにできるようになり、中学生で因数分解を理解し、ようやく二次方程式にたどり着くのです。また、学ぶ順番だけでなく、二次方程式を理解するには、それなりの精神的な成長も必要でしょう。このように考えると、「成熟優位説」と「学習優位説」を上手く組みあわせながら学ばせる――。これが最も効率的で効果的な学習になるのではないでしょうか。

子どもの"やる気"も大切な【レディネス】のひとつ

身体も精神的にも成熟した【レディネス】が整った時期に、適切なカリキュラムに則った学習を行ったのだから成績も上がるはず…。残念ながら、これだけでは成績が必ず上がるとは言い切れません。その理由は、机の前に「勉強しなさい」と座らせ、どんなにすばらしいテキストを使ったとしても、子どもに"やる気"がなければ、勉強が進まないどころか、何も頭に入らないからです。つまり、【レディネス】には、精神的、肉体的なものだけでなく、"やる気"といった心の準備も必要なのです。

たとえば、早稲田アカデミーでは、授業開始は「起立」「気を付け」「礼」といった挨拶から始めます。これは、挨拶することで「今日もこれから頑張るぞ!」と思わせるきっかけにするためです。また、教室内の壁は白で統一し、黒板ではなくホワイトボードを使うことで、教室全体を明るくしています。これは、精神的にも物理的にも明るくすることで、子どもたちの前向きな"やる気"を促すためです。さらに、友だちと一緒に成長するという仲間意識、そして、塾の講師と生徒の「縦の信頼関係」。これらも子どもの"やる気"を生み出すと考えています。

家庭で学習効果を高めるための【レディネス】の育み方

もちろん、家庭学習でも「これから宿題をやろう、頑張ろう」といった【レディネス】を子どもに与えることができれば、当然、集中力は高まります。たとえば、保護者の方の「よーい、スタート」「今から始めるよ」という声掛けでもいいでしょう。子ども自身が「よし!」と言って勉強を始めるのでもかまいません。

また、1枚のプリントを仕上げさせるならば、緊張感を持たせてみるのはどうでしょうか。「この時計で秒針が12になったらね」などと声掛けし、黙って時計をジーと見て「はじめ!」と合図をし、その合図で子どもに問題を解き始めさせるのです。そうすると、誰かと競争するわけではないのに、子どもはいつもより解くことに集中し、しかも短時間で正確にプリントを仕上げるはずです。少なくとも、ご飯を食べるときに「いただきます」と挨拶するのと同じように、家庭学習も「今から勉強するぞ!」と"やる気"になる声掛けから始める、そんな習慣を身につけることをお勧めします。

そして、できれば「勉強するぞ!」と思える環境も整えてください。もちろん勉強部屋や勉強机がなくても大丈夫です。明るく、できれば無駄なものが無い、集中できる場所を勉強する場所として決めましょう。反対に、子ども部屋や机があっても、そこでゲームをしたり、プラモデルを作ったり、さらには漫画も読む場所ならば、その部屋はもはや勉強部屋ではありません。勉強だけに専念できる空間で勉強させることが重要です。

精神的、肉体的、そして心の【レディネス】を意識しながら、そのときどきに必要な学習を適切なカリキュラムのもとで学習させる――。そのような環境をできるだけ早いうちから子どもに与えたいものですね。

お便りをお待ちしております
みなさまのお悩みに福田先生が紙面上でお答えします。
下記のアドレスまでお寄せください。
メール:success12@shahyo.com
採用された方には、オリジナル㊗スタンプを差し上げます。

早稲田アカデミー スーパーキッズ

勉強のおもしろさ、分かる楽しさを伝える

小2 小1

早稲田アカデミー吉祥寺校に通う
小2 鈴木晴亜さん

メリハリをつけて勉強することが大切 習い事のスイミングでは校内新記録を出すことが目標

――早稲田アカデミーに通い始めたきっかけを教えてください。

晴亜さん　体験授業に参加したとき、授業が面白くて、先生もやさしく話しかけてくれたので、早稲田アカデミーに入りたいと思いました。

お父様　晴亜が体験授業を楽しめたことが一番の理由です。私が通わせようとしたきっかけは、小1の教室でも真剣に授業が行われていたことです。先生方に元気があって、指導が理にかなっていると感じました。また、宿題が出ることも早稲田アカデミーを選んだ理由です。

――好きな授業は何ですか？

晴亜さん　国語で、文章題を解くことが好きです。本を読むことが楽しいからです。

お父様　学校や図書館で、よく本を借りて読んでいます。

――勉強は家のどこでされていますか？

晴亜さん　お父さんやお母さんがいるリビングで勉強しています。自分の部屋だと一人でさびしいからです。

お父様　ダイニングやリビングルームで勉強させています。勉強に取り組む様子を見て、良い点があればすぐほめるのに最適だからです。

――家庭学習で工夫されていることを教えてください。

お父様　問題の丸つけは私や母親がします。親が丸つけをして、すぐ一緒に直す。分からない問題は一緒に考える。晴亜が疲れていたり、眠いときは無理強いをしない。テストのスケジュールなどは親が頭に入れておくようにしています。

――普段はどんな習い事をされていますか？

晴亜さん　水泳、ピアノ、書道、スケートを習っています。

――今後の目標について教えてください。

晴亜さん　水泳で校内新記録を出すことです。

――今後、どのように成長してほしいですか？

お父様　嫌なことがあっても決して諦めずに乗り切って、勉強もスポーツも出来るリーダーになってほしいです。

早目に目標を立て、少しずつ努力を継続することが大切

勉強にせよ、習い事にせよ、なるべく晴亜の考えを聞くようにしています。晴亜が嫌がっているのに、勉強や習い事を無理にさせては両立できないと考えています。

また、早目に目標を立てることで、空いている時間を無駄にすることなく努力するようになるからです。ただ、目標には綿密な計画が必要です。いっぺんにまとめて行うのではなく、少しずつ取り組ませるようにしています。

ただ、何より一番大切だと考えていることは、勉強も習い事も、教室の場だけではなく、家でも学習（練習）することです。このことを晴亜には常日頃から伝えています。

笑顔が素敵な晴亜さんとお父様

晴亜さんの一週間

チェックポイント
勉強は、毎日目標を決めて少しずつ

	月曜日	火曜日	水曜日	木曜日	金曜日	土曜日	日曜日
	朝食	朝食	朝食	朝食	朝食	朝食	朝食
6：00	計算問題	計算問題	計算問題	計算問題	計算問題	計算問題	読書
7：00	自由時間	自由時間	自由時間	自由時間	自由時間	自由時間	自由時間
8：00	学校	学校	学校	学校	学校	国語の文章題	
9：00						自由時間	
10：00						書道	
11：00						自由時間	水泳
12：00						昼食	昼食
13：00						自由時間	自由時間
14：00							計算問題
15：00	学童	学童	学童	学童	学童		スケート
16：00				学校・塾の宿題			自由時間
17：00	国語の文章題 学校の宿題	国語の文章題	早稲田アカデミー	自由時間			
18：00	夕食	夕食		ピアノ	漢字のテスト 学校の宿題		文章題
19：00	算数いろいろ	宿題	夕食 学校・塾の宿題	夕食	夕食	夕食	夕食
20：00	入浴	入浴	入浴	入浴	入浴	入浴	入浴
21：00	就寝	就寝	就寝	就寝	就寝	就寝	就寝
22：00							
23：00							
24：00							

自宅でも書道の練習を行います。

ダイニングで、勉強に取りくむ晴亜さん。

勉強だけではなく、水泳で体も動かします。スイミング教室以外でも練習し、校内新記録を出すことが目標です。

習い事のスケートに取り組む晴亜さん。とても楽しそうです。

スーパーキッズコース担当
矢萩美幸先生 with デミ男とデミ子

ことわざ探検隊

早稲田アカデミー小1・小2スーパーキッズコースの矢萩美幸先生が、ことわざのナゾを解明する『ことわざ探検隊』を創設。みんなといっしょにことわざの真実を探っていくぞ。さあ、ことわざについて考えてみよう！

ことわざファイル No.11 「転ばぬ先の杖」を解明

「転ばぬ先の杖」の意味を調べたら、失敗しないように、あらかじめ念には念を入れて用心することが大事だということのたとえと書いてあるわね。

大丈夫、大丈夫、見直しなんて1回だけで十分でしょ。

デミ男

そんなんだから、いつまでたってもケアレスミスが減らないんでしょ。念には念を入れて、見直ししなさい。

デミ子

矢萩美幸先生の「転ばぬ先の杖」のおさらい

● 意味
失敗しないように、あらかじめ念には念を入れて用心することが大事だということのたとえ。

● 英語では
Prevention is better than cure.

晴亜さんのお父様に聞いた

低学年だからこそ手を加えた方が良いと思った 3つのこと

1 いろいろなスポーツにチャレンジ

バランスの良い身体能力の発達を願って、これまでテニス、陸上、体操、ボーリング、スケート、水泳にチャレンジしてきました。

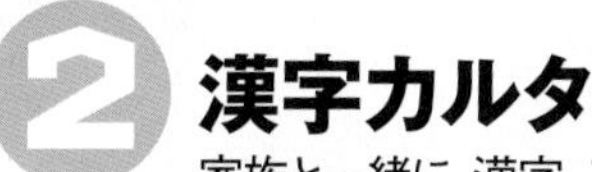

2 漢字カルタ

家族と一緒に、漢字、ことわざ、部首カルタで遊びながら、知識を養っています。

3 読書

高学年になると読書時間も取りづらくなるので、低学年のうちに色々な感性に触れ合わせたいと考えています。

早稲アカOB

私学特派員レポート vol.32

IN 東京都市大学等々力中学校 共学校

早稲田アカデミー中川校の卒塾生で、現在東京都市大学等々力中学校2年の佐藤岳仁君に学校を紹介してもらいました。

一日のスケジュール

- 0 23時 就寝
- 22時～23時 自由時間
- 19時15分～20時 夕食、自由時間
- 勉強
- 18 18時30分 帰宅
- 部活・補習・自習
- 15時40分～ 終礼
- 授業
- 12 昼食
- 授業
- 8時30分～8時55分 朝テスト、HR
- 8時30分 登校
- 7時 朝食
- 勉強
- 6 6時 起床

佐藤君が教えてくれる東京都市大学等々力中学校の3つの魅力

1. Strategy Information Center(図書館)
蔵書も多く、スクリーンでいろいろな調べごともできます。また、コンピュータも配備されていて、とても便利です。

2. 学習支援エリア
自分が自習していて分からないことが出てきても、チューターの方が常にいらっしゃるので、すぐ質問に答えてもらうことができます。

3. 生徒同士の仲が良い
みんな仲良く、充実した学校生活を過ごすことができています。

佐藤君がサッカー部の活動時に使用する多摩グラウンド

東京都市大等々力中学校で勉強やスポーツに励む佐藤君

佐藤君インタビュー

―東京都市大学等々力中学校を志望した理由を教えてください。

説明会に参加したとき、校舎も最新の設備で、校庭も広かったことに魅力を感じました。自分の好きなサッカーに思い切り取り組めると思い、志望しました。

―東京都市大学等々力中学校合格に向けた対策・勉強法を教えてください。

どんな問題が出題されても対応できるように、どの科目も基本となるポイントをしっかりと押さえることを心がけました。

―東京都市大学等々力中学校を目指す生徒へメッセージをお願いします。

絶対に合格するんだという強い気持ちを持って、勉強に取り組んでもらえたらと思います。また、時間配分に注意して、問題を解くことが大切だと思います。

等々力中学校の先生に聞く 求める人物像と入試トピックス

教頭
二瓶 克文 先生

●求める生徒像

私たちは、誇り高く高潔な人間性を陶冶(とうや)することに教育の基本を置いています。そして、高潔の士にはそれにふさわしい責任と義務が伴うものだと自覚を促し、その上で、その責務をどう果たしていくべきかを常に意識して行動できるような若き有能な人材を育てたいと考えています。入学し、本校で様々なことを学んでもらい、変動して止まない現代社会にあって、常に不動の一点を見つめて生きることができる人間になって欲しいと考えています。

入試広報
杉山 拓也 先生

●入試トピックス

算数―計算問題、1行問題、大問の構成。計算問題では、小数×小数を含む問題、共通因数や割合に対してきちんとしたイメージを持てているかを問う問題、分数を含む虫食い算を出題。1行問題では、速さの問題を各回で出題し、その他、場合の数、論理の問題、図形の問題などを出題。大問では、「食塩水の問題」を必ず出題します。

国語―漢字の読み書き・物語・説明文・図表の読み取りに関する問題構成。
昨年度の入試では記述問題が多かったこと

Campus Life

徹底して学習し体を鍛え、そして心を耕す教育を実施

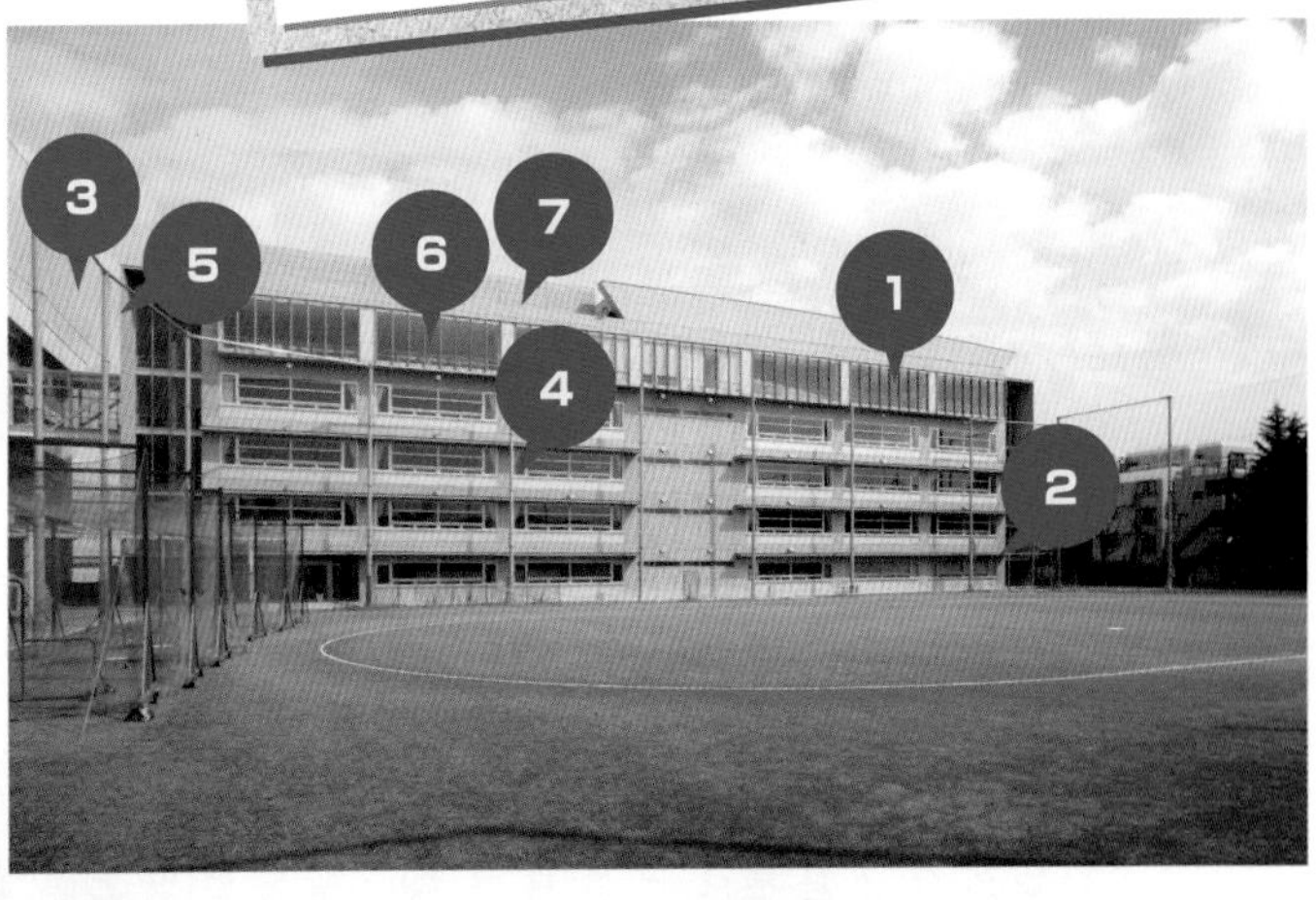

1 つばさホール

広くてきれいなので、とても人気がある多目的ホールです。前方にノートパソコンがあり、PC教室としても使うこともあります。

2 生物室

理科の授業は実験が多いため、講義で授業が終わることはあまりありません。常時実験道具が手元にあり、授業が楽しみです。

3 SIC（図書室）

Strategy Information CenterにあるSIC shotです。浮かび上がったキーワードに手をかざすと、キーワードに関係する本が紹介されます。最初に見た時は、ただただびっくりしました。

※SICと学習支援エリアは第一校舎にあります。

4 教室

朝、小テストが行われる教室です。成績発表時に「誰が1位なんだ？」とクラスみんなで盛り上がります。

5 学習支援エリア

先生に質問することができる自習室の学習支援エリアです。友人とばったり会うことも多々あります。

6 ラウンジSo-La

昼休みと放課後に開放され、軽食を取ることも出来ます。眺めがとても良く、晴天には富士山や南アルプスまで見渡すことが出来ます。

7 菜園

自然と接することが出来る屋上菜園です。みんなで穀物を栽培することはとても新鮮で楽しいです。

住所・アクセス

〒158-0082
東京都世田谷区等々力8-10-1
TEL.03（5962）0104
FAX.03（3701）2197
http://www.tcu-todoroki.ed.jp

東急大井町線「等々力駅」下車徒歩10分　他

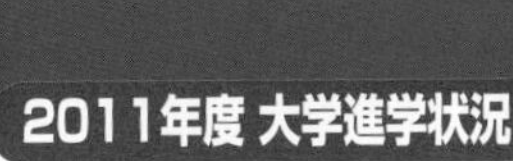

から、問題を解く際に、受験生にとって多少時間配分が困難であったようです。今年度は記述問題の量を減らしたため、受験生にとっては解きやすくなったと思います。

理科―生物・化学・物理の各分野から出題。
日頃から、理科に対する興味・関心を持っているかを問う問題を多く出題しました。生物では、自然に対する基本的な理解能力があるかを問い、化学は昨年話題になった「はやぶさ」に関する問題と「ノーベル賞」に関する問題、物理は「水に浮いている氷」の問題と「電流」による発熱の問題などを出題しました。

社会―地理・歴史・公民の各分野から出題。
地理・歴史では、グラフ・写真・統計データを用いた問題が多く、論理的に文章を組み立てる力を見る問題や記述問題なども出題しています。

本校の入試問題はPISA型[※]の問題であり、過去問としては2年分しかありません。ただし、3年間は傾向も難易度も変更しない方針ですので、22年度の特選一貫コース・特進一貫コースの計6回、23年度の特選一貫コース・特進一貫コースの計6回分で力試しをしてください。昨年・今年の合格ラインは300点満点で185点前後です。ただし、過去2年間は、特選一貫コースの問題と特進一貫コースの問題の難易度を変えていましたが、来春は特選一貫コースに統一します。

※PISA……2000年から3年ごとに、義務教育修了段階の15歳児が実生活の様々な場面で直面する課題に対し、知識や技術をどの程度活用できるかを評価するもの。

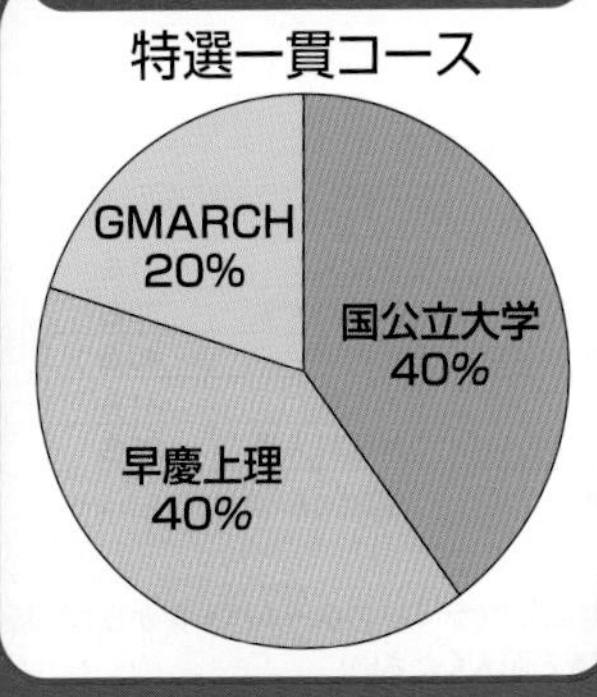

関する教育情報

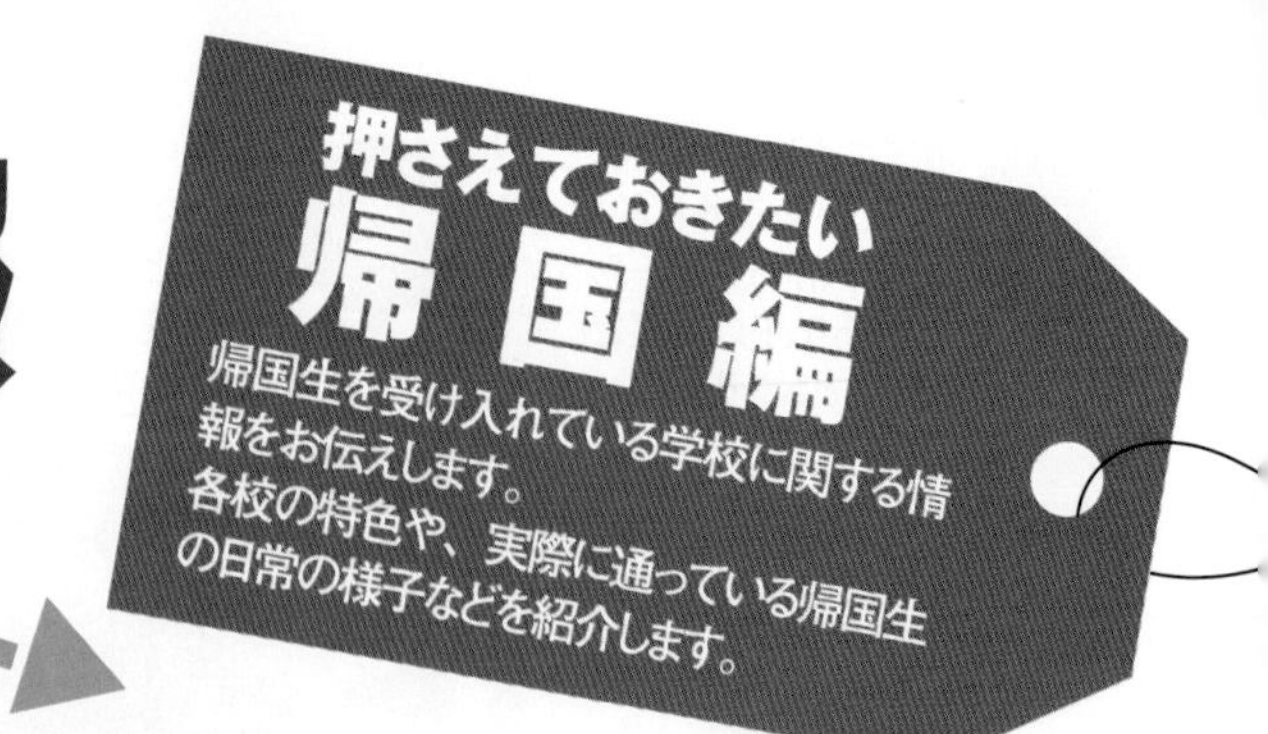

第7回 帰国生受入れ校訪問記 ～成蹊中学校～

成蹊中学校は1964年から帰国生を受け入れており、帰国子女教育の歴史がとても長い学校です。当時は帰国生を受け入れていた学校は少なく、日本人学校など海外での教育環境も現在ほど整備されていませんでした。そのような時代から海外赴任していた日本人の子女への教育を考えていたのが成蹊中学校です。帰国生指導を20年行っている経験豊富な保母先生に帰国生受入れの昔と今をインタビューしました。

成蹊中学校

（東京都/私立/共学校）

成蹊中学校は1964年に帰国生教育を開始しました。帰国生が日本の教育へ適応できるようにという理念を設立から現代に至るまで実践しています。また、海外交流にも積極的でアメリカ・オーストラリアの学校と交流を持っています。

〒180-8633 東京都武蔵野市吉祥寺北町3-10-13
（JR吉祥寺駅　徒歩15分）
TEL:0422-37-3818
URL: http://www.seikei.ac.jp/jsh/

■帰国生受入れの歴史

壹岐　成蹊中学校は1964年から本格的に帰国生受け入れを開始し、現在まで47年間帰国生指導を行っています。まず、帰国生を受け入れる趣旨を教えてください。

保母先生　受け入れ開始当時は海外から帰国した子どもたちへの学習をサポートする学校は少なく、そのため帰国生は日本の学習のうち触れてこなかった部分がフォローされないことが多くありました。

　そこで、触れていない部分を補おうと考えたことが帰国生受け入れのきっかけです。

　当時は現在のように学習塾が多くあった訳ではなく、日本人学校も現在ほどは整備されていませんでした。帰国生は学習していない科目があることが多いため、英語を伸ばすための学習よりも、数学・社会などの帰国生が不得意とする科目の補習に重点を置きました。カリキュラム面でも英語の授業時間を少なくし、その分数学・社会などの触れていない箇所が多い科目を増やしていました。

■国際学級の学習について

壹岐　帰国生のクラスである国際学級について、従来3年の学習課程だった国際学級が、近年1年のみとなりましたが、これはどのような理由からですか。

保母先生　成蹊中学校では特定の教師だけが帰国生の対応をするということではなく、様々な教師が交代で帰国生の授業を担当してきました。その結果経験が蓄積され、多くの教師が帰国生の特徴を掴み、苦手な部分を把握し、どのような箇所をフォローすればよいかが分かるようになってきました。一般生と混じって授業を受けるようになっても、各担任が帰国生の学習に目を配ることができるようになりました。これが国際学級を1年に短縮した理由です。また、帰国生にできるだけ早い段階で一般生と同じクラスで学習してもらいたいということもありました。

■帰国生の日常生活

壹岐　帰国生の生活面での変化はありますか。

保母先生　帰国生が以前よりも日常生活で英語を話すことに積極的になったと感じています。成蹊中学校の帰国生は英語圏の現地校かインターナショナルスクールの帰国生がほとんどです。最近の帰国生は学校生活で日常的に英語を話しています。少し昔、帰国生は学校で英語を話すことはあまりありませんでした。ネイティブの発音に近い英語を話すことが奇異なことと捉えられていたということだと思います。最近は英語を喋ることが珍しいことではなくなったのだと思います。

■帰国入試について

壹岐　国際学級の入試についてお教えください。

保母先生　一般入試では一部に難しい問題を配置しますが、国際学級入試では基本問題を増やし、その分難しい問題を削っています。帰国生は入試準備が不足しているということを前提にしているので、難しい問題はなし、基本をしっかりやってくださいという趣旨です。

　したがって算数でいえば基本・標準といったレベルの問題集を何冊か解き、それを繰り返し行うことでミスがないようにすることが対策になります。日本では、算数の応用問題をすばやくかつ正確に解く能力が求められるのでこの点を意識してください。国語は本を読み、文章を書くということが対策になります。ここで重要なのは読み、書きを自分以外の他者に確認してもらうことです。例えば読んだ本の内容を両親に説明したり、日本にいる親戚に手紙を書いて、それを両親に読んでもらうということです。このようなことを繰り返すことで力がつくと考えています。英語に関しては、あくまで目安ですが受験生は英検の2級相当の実力があります。英語圏・インターナショナル校の生徒が受験することが前提になっていますので、英語に関しては特に問題がないようです。

　成蹊中学校では自分の人生は自分で切り開くことができる大人を育てたいと考えています。帰国生に対しても英語のみを鍛えるというのではなく、その子自身が進路を選択する際、日本・海外のいずれでも活躍できるように、より選択の幅が広がるようにとの観点から指導を行っています。

お話　成蹊中学校　入試部長　保母 禎造先生
取材　早稲田アカデミー　教務部業務2課　壹岐 卓司

■帰国生入試情報と合格実績

2012年度　帰国生入試日程と入試結果（国際学級）

募集	出願期間	試験日	合格発表	選考方法
20名	2011年12月8日～2011年12月14日	2012年1月10日	2012年1月11日	国語・算数・英語・面接

年度	募集人数	出願者数	受験者数	合格者数
2009	約10名	54名	52名	29名
2010	約10名	67名	64名	30名
2011	約10名	54名	40名	20名

※ 出願資格などは必ず募集要項や学校のホームページをご確認ください。

2011年度　主要大学合格実績

国公立大	合格者数
北海道大学	4名
東北大学	2名
京都大学	1名
一橋大学	1名
東京工業大学	2名

私立大	合格者数
早稲田大学	51名
慶應義塾大学	38名
上智大学	40名
明治大学	31名
東京理科大学	26名

※ 大学合格実績は全卒業生からのもので、帰国生のみの実績ではありません。

海外・帰国相談室　このページに関する質問はもちろん、海外生・帰国生の学習についてなど、ご不明点がございましたら早稲田アカデミーのホームページからお気軽にお問合せください。「トップページ」→「海外・帰国生/地方生」→「資料請求」（自由記入欄に質問内容をご記入ください）

知っておきたい
海外編

海外の教育事情を連載でお伝えします。既に海外赴任が決まっている方はもちろん、そうでない方も、今後の赴任に備えてぜひご覧ください。

海外生・帰国生に

第7回 海外でがんばる子どもたち in シドニー

海外での学校生活って具体的にはどのようなものなのでしょうか。海外の学校で奮闘するお子様と学校の様子について、海外提携塾の協力のもと、直接現地に赴いて取材してきました。今回はシドニーの現地校と海外学習塾に通いながら、中学受験を目指すお子様をお持ちのお母様にお話を伺いました。

シドニー在住H君（小6）のお母様

◇小学4年生よりシドニーの現地校に通学
◇epis Education Centre シドニー教室に通塾中

シドニーってどんな都市？

ノーザンテリトリー
クインズランド
ウエスタンオーストラリア
サウスオーストラリア
ニューサウスウェルズ
シドニー
ビクトリア

■国名:オーストラリア　■公用語:英語
■人口:約450万人（オーストラリア最大の人口）
■気候:温帯性気候に属し、日本同様四季があります。南半球のため季節は日本と逆です。

国際的な観光都市でもあり、海に臨むオペラハウスなどが有名です。世界で最も美しいといわれる都市のひとつに数えられます。2000年にはシドニーオリンピック（夏季）が開催されました。

■ 先輩駐在員に現地校の話を聞き、学校を選びました。

中学受験をお考えだったため、海外赴任に関しては当初悩まれたというお母様。しかし、海外での経験は貴重であり、家族皆が一緒にいることを考え赴任を決断。ご自宅は日本人学校から距離が遠かったことや、現地校の様子を先輩駐在員の方に事前に聞いていたこともあり、現地校を選ばれたそうです。

■ 入学から3ヶ月、言葉の違いなど大変でした。

土地柄、勉強をする習慣がなく、のんびりとした学習環境であることや、カリキュラムや学期制が日本とは異なることなど、分からないまま入学。英語がまったく話せなかったことや、日本人が少ないことで、入学当初は差別の対象になったこともあったとか。しかし、徐々にコミュニケーションがとれるようになると、現地の子と同じように学習ができるようになり、今では、学校の友達とチームでの学習発表の準備に励んでいるそうです。

■ 日本との教育環境の違いに不安もあります。

お通いの現地校は「4学期制」。日本ほど勉強をする習慣がなく、「周りののんびりとした雰囲気にまきこまれ、勉強に対しマイペースになりがちであること」に不安を感じられることも。また、毎学期課題となる学習発表の準備などで、友達の家などに集まって準備時間が必要なため、勉強時間を確保することに苦労をされているようです。

■ 自ら決意した中学受験に向けて勉強をしています。

小学3年生の時に、お子様本人が希望した中学受験。家庭内で受験のメリット・デメリットについてよく話し合い、それでも本人の受験の意志が固かったため、ご両親も納得して受験勉強を開始。しかし、その矢先での海外赴任で、赴任当初は中学受験を一度断念されたそうです。小学5年生の終わりから、塾（epis Education Centre シドニー教室）に通い始めたことで、中学受験に気持ち新たにチャレンジすることに。「今年の受験の合格に向けて、塾の先生と協力しています」と、お母様。ご家族が一丸となって受験勉強の体制を整え、お子様の未来へ向けて、邁進されています。

早稲田アカデミーの提携塾紹介

epis Education Centre シドニー教室

【対象・設置クラス】
●小学生コース：小3〜小6　●中学生コース：中1〜中3　など

2002年に香港で誕生した海外子女専門の学習塾 epis Education Centre が 2010年シドニーに開校。
現地校生サポートのコースもあり、個々のニーズに合わせたプログラムを提案しています。

【電話】
+61-(0)2-9904-8687
【メール】
info@epis.com.au
【住所】
Suite 502, Level 5, 2 Help Street
Chatswood NSW 2067

※お問合せは直接上記、または早稲田アカデミーホームページまで。

墨田区にできる『世界一』
東京スカイツリー® 第13回

©TOKYO-SKYTREE

今年の夏は「節電」という言葉をよく耳にしました。震災や豪雨の影響で電力会社の発電量がいつもの年より大幅に減ってしまったため、日中の電気使用量が発電量を上回らないようにしようというのが節電の大きな目的です。そして電気使用量の大きい家電製品の一つとしてエアコンが頻繁に紹介されていたことも、みなさんの記憶に新しいと思います。

さて、東京スカイツリーや東京スカイツリータウン®などがある「東京スカイツリー地区」には、冷暖房に関する様々な工夫がありました。今回はその内容をご紹介します。

(取材協力：東武鉄道株式会社・東武タワースカイツリー株式会社・株式会社東武エネルギーマネジメント)
(事業主体：東武鉄道株式会社・東武タワースカイツリー株式会社)

東京スカイツリー地区の冷暖房システム

東京スカイツリー地区の冷暖房は、各建物内に巡らされた配管の中に、夏は冷水、冬は温水を送ることで室内を冷やしたり、暖めたりする方法を採用しています。その水を冷やす機械や温める機械を「熱源機器」と言いますが、東京スカイツリー地区の場合、大型の熱源機器を「プラント」と呼ばれる東京スカイツリータウン地下施設に設置し、そこから各建物に冷温水を送り出す仕組みを現在建設中です。地域内にある建物の冷暖房や給湯をまとめて行うこの方式を「地域冷暖房システム」と言います。この方法だと、建物ごとに熱源機器を設置するシステムよりもはるかに効率が良く、大幅な省エネが期待されるのです。またプラントに設置される大型熱源機器そのものも、日本の技術力を結集した、世界最高水準の高効率、省エネ、省CO_2（二酸化炭素）性能を備えたものが用いられています。

もう一つの工夫として「地中熱利用システム」があります。これは地中温度が、夏期は地表の温度より低く、冬は地表の温度より高いという性質を利用したもので、水熱源ヒートポンプという機械を用いて、地中から熱を取り出したり、熱を地中に放出したりするシステムです。例えば夏は冷水を配管に通すことで屋内を冷やすのですが、温かい水を直接冷水にするより、一度地下を通すことで自然に冷えた水を冷水にするほうが、はるかに省エネになることがわかるでしょう。またこの方法は、地中に熱を放出し、大気中には放出しないため、ヒートアイランド現象（都市部の気温が郊外の気温に比べて高くなる現象）を抑制する効果も期待されています。

さらに「大容量水蓄熱槽」というものが、「プラント」に併設する形で建設されました。これは水深約15mにもなる４つの巨大な水槽で、7000t（25mプールおよそ17杯分）もの水を貯めておくことができます。夜間に作られた冷温水をここに貯めておき、日中の冷暖房に使用することが主な目的で、こうすることで日中の使用電力量を大幅に下げることができるのです。また、ここに貯められた水は、災害時の生活用水や消防用水として近隣地域に提供することも検討されています。

投入されたエネルギーに対して、どれだけのエネルギーを出すことができるかを表すものとして「成績係数（COP）」があります。電気と冷暖房の関係ならば、移動した熱エネルギーを、移動させるために用いた電気エネルギー量で割ったものがそれにあたり、この数値が高いほど冷暖房効率が良いことになります。東京スカイツリー地区の冷暖房システムは、この数値を年間1.35以上とすることを目指しています。日本国内にある地域冷暖房システムのCOP平均値が0.749なので、これは国内最高水準と言うことができるでしょう。また、二酸化炭素排出量について見ると、この方式は地域冷暖房システムを採用しない場合に比べて、1年間あたりおよそ48%、約3,391tも削減できるそうです。世界一高い自立式電波塔のある街は、世界一環境に優しい街にもなるかもしれません。

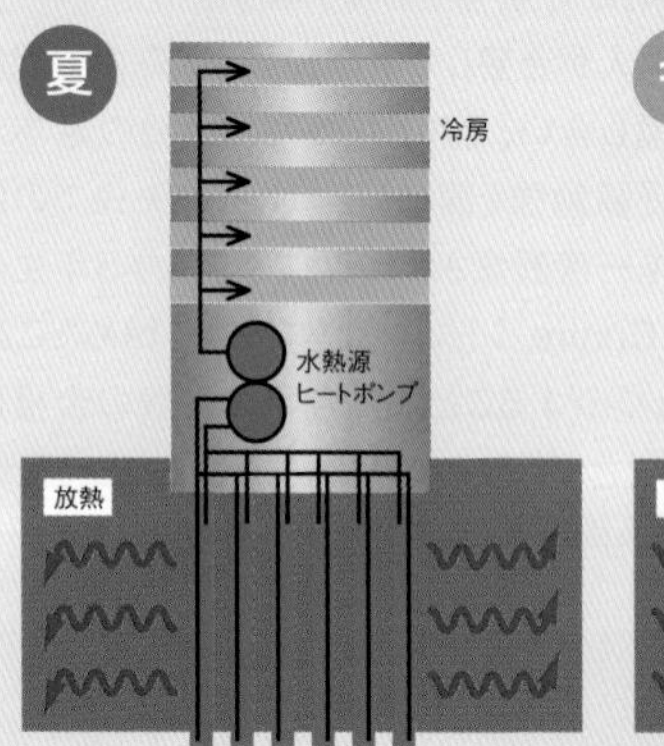

プラントより送られた冷水は、各建物をまわるうちに水温が上がり、ぬるくなった状態でプラントに戻ってきます。その水を一度地中に通すと、たまった熱を放出するため、ある程度まで水温が下がります。それを冷やして冷水にし、この冷水を活用するのが夏の冷房方法です。

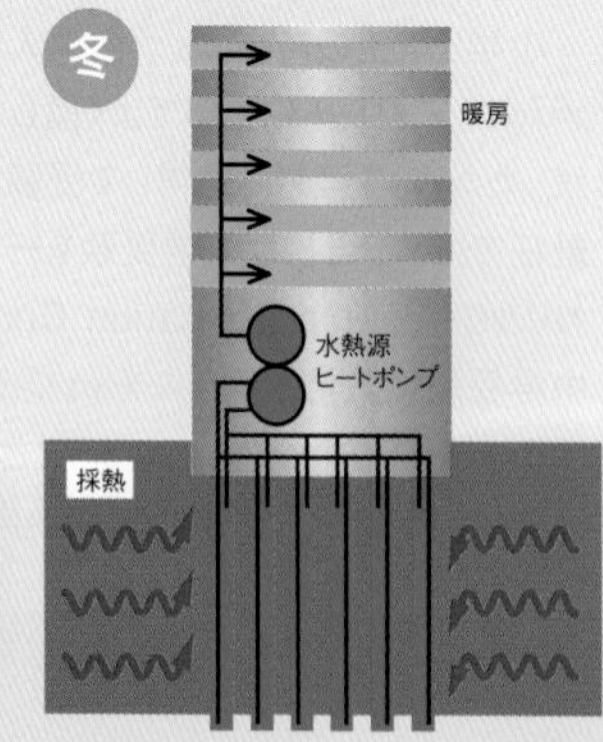

夏とは逆に、プラントから送り出された温水は、冷めた状態でプラントに戻ってきます。その水を地中に通すと、熱を吸収して水温が上がります。それをさらに温めて作られた温水を活用するのが、冬の暖房方法です。

大容量水蓄熱槽
画像提供：
株式会社東部エネルギーマネジメント

地域冷暖房は株式会社東武エネルギーマネジメントの事業です。

おでかけしよう!
東京スカイツリーマップ

東京スカイツリー地区編

東京スカイツリーの周辺（しゅうへん）を、テーマ別にご紹介します。
今回は東京スカイツリー地区周辺を歩いてみました。

撮影日：2011年9月22日

写真右側に見える建物は、東武鉄道株式会社の本社ビルである「東武館」です。

桜橋通り（さくらばし）

東武館

撮影広場

曳舟川通り（ひきふねがわ）

見学広場

東京スカイツリーイーストタワーもかなり大きいです。この中にはいろいろな会社のオフィスなどが入る予定とのこと。

とうきょうスカイツリー駅
（業平橋駅）（なりひらばし）

押上駅（おしあげ）

東京スカイツリー

東京スカイツリー®
インフォプラザ

業平橋駅そばにも東京スカイツリータウンが建てられています。ここには大きな水族館ができるそうですよ。

北十間川（きたじゅっけんがわ）

浅草通り（あさくさ）

建設中の歩行者専用の橋には大きな絵が。これは業平小学校の生徒さんたちが描いたそうです。展望台からなら何が描いてあるか見えるかも？

今回の一コマ

スカイツリーをバックにはい、チーズ!

PHOTO by Maki

ぱぱまま掲示板

小学生のお子様を持つぱぱ・ままが意見交換を行うための場所です。サクセス12の感想や子育てのお悩みなど、みなさんで共有しましょう。

サクセス12ホームページでも受付中！
http://success.waseda-ac.net

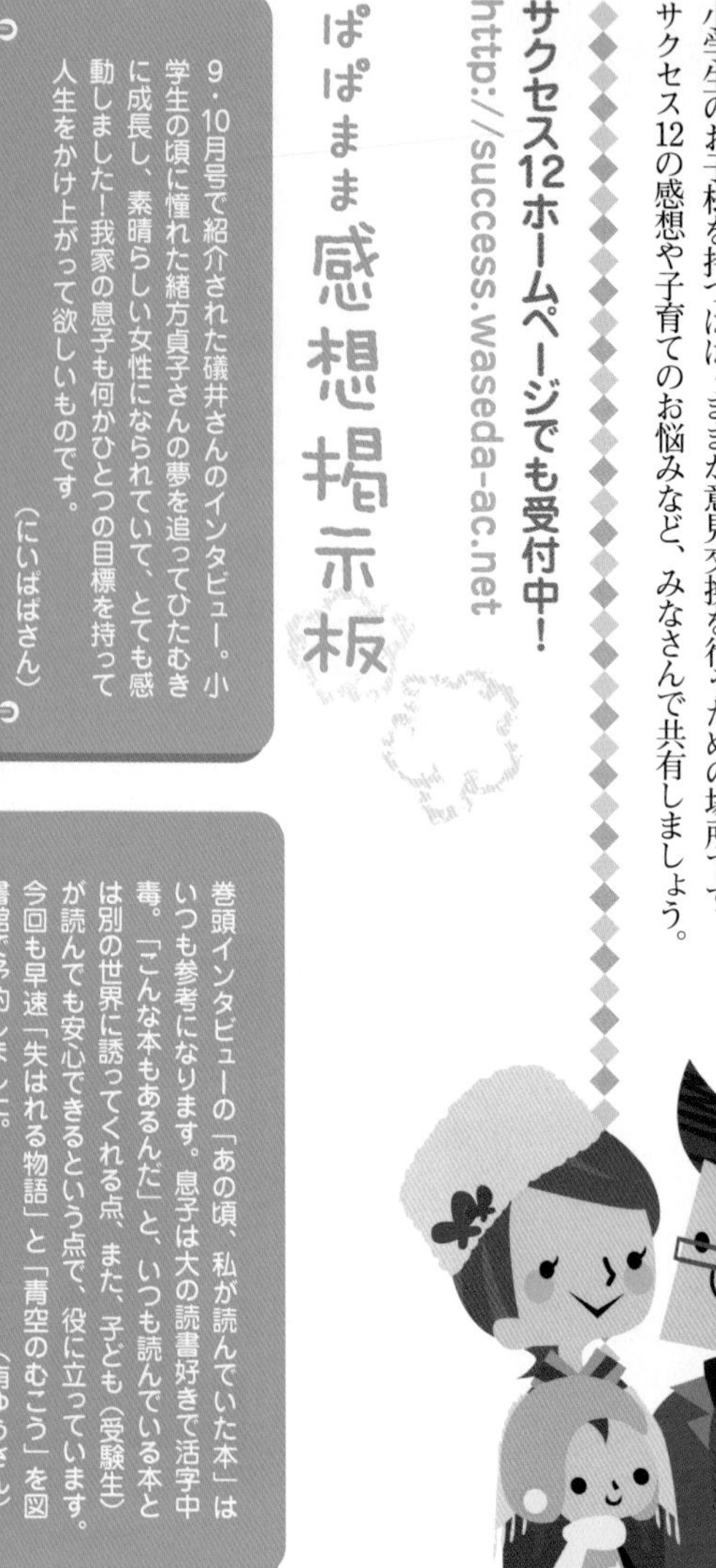

ぱぱまま感想掲示板

9・10月号で紹介された礒井さんのインタビュー。小学生の頃に憧れた緒方貞子さんの夢を追ってひたむきに成長し、素晴らしい女性になられていて、とても感動しました！我家の息子も何かひとつの目標を持って人生をかけ上がって欲しいものです。

（にいばばさん）

編集部の声
目標を持つことはとても重要です。我々も礒井さんに取材をさせていただいたことで、改めて目標を持つことの大切さに気づくことができました。お子様が大きな夢を持ち、人生をかけ上がっていけるように、我々スタッフ一同応援しています。

いつも興味深く拝見させていただいております。今回の特集「子どもが泣くことにどう対応するか」はとても参考になりました。わが子も宿題がわからずに泣くことがたまにあるので、特集されていた内容を思い出して実践していこうと思います！

（ルミさん）

編集部の声
読者の方に記事を参考にしていただくことは、雑誌作成者冥利に尽きます。読者の方やお子様のお役にたてるよう作成していくとともに、お子様が立派に成長されるよう願っております。

巻頭インタビューの「あの頃、私が読んでいた本」はいつも参考になります。息子は大の読書好きで活字中毒。「こんな本もあるんだ」と、いつも読んでいる本とは別の世界に誘ってくれる点、また、子ども（受験生）が読んでも安心できるという点で、役に立っています。今回も早速「失はれる物語」と「青空のむこう」を図書館で予約しました。

（侑ゆうさん）

編集部の声
本を読むことは、お子様の将来にとって必ず大きな財産になります。これからもサクセス12を通じてたくさんの本を紹介していきますので、ぜひ参考にしていただければと思います。

親子で科学技術館に行ってきました。写真で見た機械に実際触れることができた息子は大喜び！特にプラズマボールが気に入ったようで、10分以上も手をかざしていました。科学技術館に行ったことをきっかけに、苦手な理科を得意科目にしてくれることを期待しています。

（弥栄さん）

編集部の声
理科が好きになるきっかけとして、「身近なものへの興味」があると思います。お子様が理科に興味を持ち、苦手意識を克服できるように願ってます。

親子のエピソード大募集！

テーマ1 息子・娘にさせている工夫された勉強法

テーマ2 呆れてしまった息子・娘の言動

テーマ3 親子ゲンカになった原因

二択クエスチョン

Yes! No?

1 お子様は朝勉強をしていますか？

2 月ごとにお小遣いをあげていますか？

3 ペットを飼っていますか？

採用された方には、**千円分の図書カードをプレゼント！**

応募方法・宛先はP137をご覧ください。

親子で挑戦！

チャレンジクイズ

A～Eのアルファベットに数字や×・÷を入れて、クロスワードを完成させましょう。クロスワードが完成したら、アルファベット順にならべると、ある計算式ができあがります。答えはいくつになるでしょう？

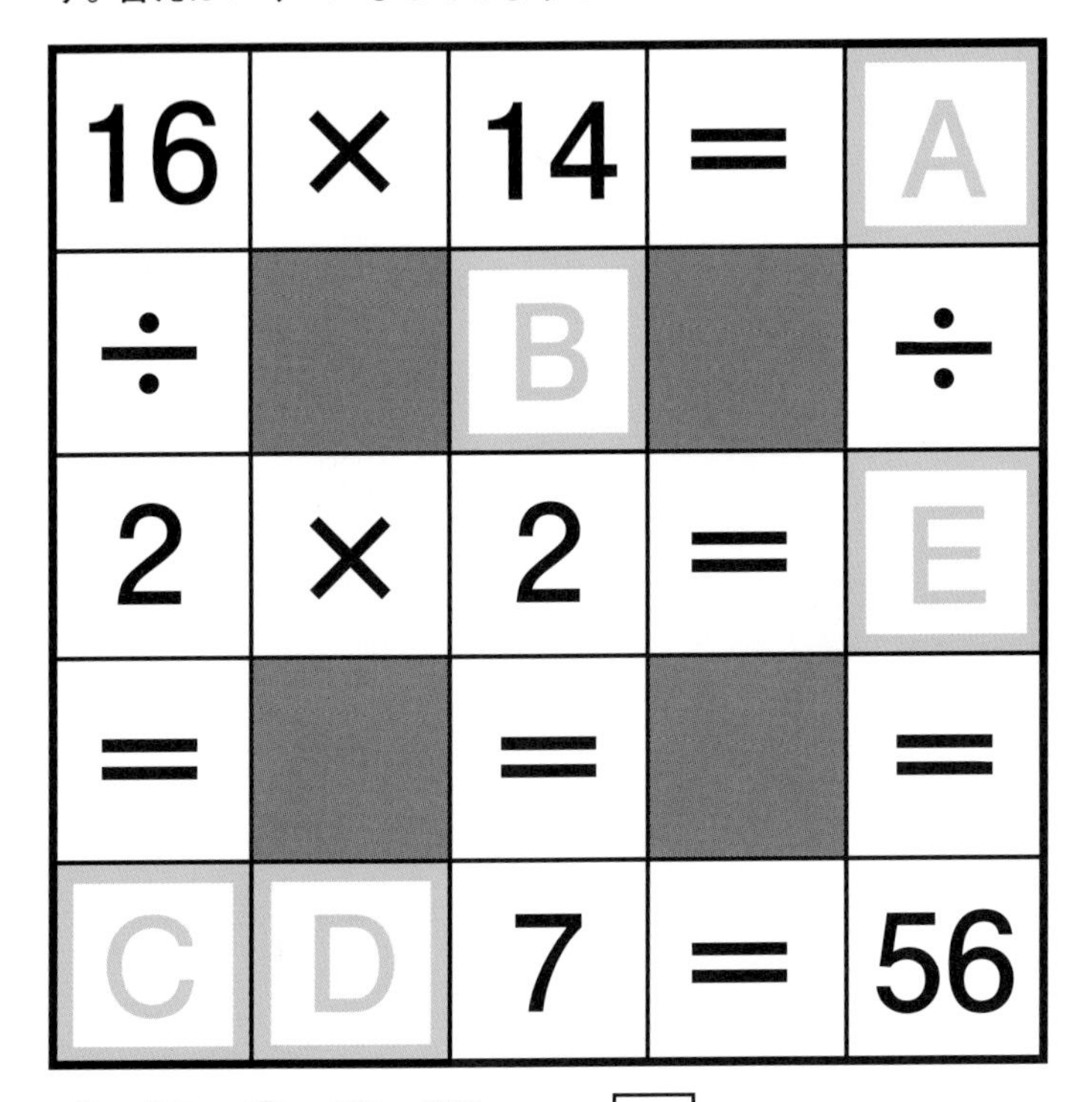

16	×	14	＝	A
÷		B		÷
2	×	2	＝	E
＝		＝		＝
C	D	7	＝	56

ABCDE＝□

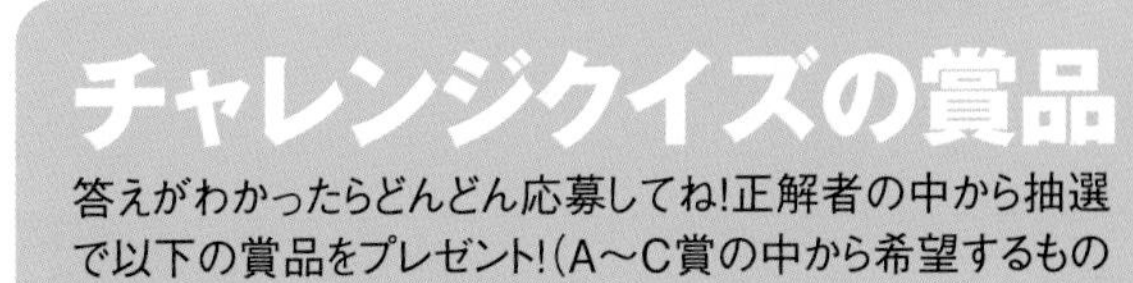

答えがわかったらどんどん応募してね！正解者の中から抽選で以下の賞品をプレゼント！（A～C賞の中から希望するものを選んでください）

A賞……この冬、一気に成績アップ！
「文具セット」1名

B賞……家でリラックスできる！
「ふんわりクッション」2名

C賞……お弁当づくりが楽しくなる！
「お弁当グッズ」2名

9・10月号正解／32

【応募方法】メール・ハガキ・封書・FAXいずれでもOK！（P138のFAX送信用紙をご利用ください）
氏名・住所・電話番号・お子様の学年と性別・通っている塾名・ペンネーム・希望賞品をご記入の上、下記の宛先までお送りください。
※投稿で実名の掲載をご希望されない場合は、ペンネームを必ずお書きください。
※お送りいただいた写真、作品は返却できませんので、ご了承ください。
※投稿作品の発表や出版に関する権利は、早稲田アカデミーに帰属するものとします。
※掲載にあたり、一部文章を編集させていただくことがございます。

【応募〆切】12月10日（土）必着

【宛　先】〒171-0014　東京都豊島区池袋2-61-1 大宗池袋ビル　早稲田アカデミー本社教務部『サクセス12』編集室
FAX：03-5950-4912　メール：success12@shahyo.com

※クイズ当選者の発表は、賞品の発送をもって代えさせていただきます。

［個人情報の取り扱いについて］
取得した個人情報は、ぱぱまま掲示板への掲載、および、クイズ正解者へのプレゼント発送にのみ利用させていただきます。

ー編集後記ー

高い目標を持ち、そこに向かって努力し、自分の未来を切り拓いていく。私たち、人間だけに与えられた素晴らしいことです。目標を高く設定すれば、困難や乗り越えなければならない壁は確実に多くなることでしょう。そのため、「自分の力で絶対に乗り越えるんだ！」という強い気持ちが必要です。計算練習や漢字の学習など、ともすると単調な作業で退屈に思う勉強もあるかもしれません。一日ぐらいサボってしまいたいと思うことも出てくることでしょう。しかしながら、全ての勉強は第一志望校合格に繋がっているのです。目標を決して見失うことなく、一歩一歩確実に前進していきましょう！（春山）

● 編集長
喜多　利文

● 編集スタッフ
春山　隆志
眞木　貴也
岡　清美
太田　淳
生沼　徹

●企画・編集・制作
株式会社 早稲田アカデミー
〒171-0014 東京都豊島区池袋2-53-7
TEL.03-5954-1731　FAX.03-5950-4912
サクセス12編集室（早稲田アカデミー 内）

たくさん感想を書いてくれた人の方が賞品が当たりやすいって
編集長が言ってたよ。文字は濃く書いてね。

FAX送信用紙

氏名（保護者様）

氏名（お子様）　学年

現在、塾に
通っている　・　通っていない

通っている場合
塾名
（校舎名　）

住所（〒　-　）

電話番号
（　）

クイズの答え

希望賞品

アンケート
Q1．面白かった記事を教えてください。（記事の最初のページ数を記入してください）
（　ページ）（　ページ）（　ページ）

2択クエスチョン
Q1．お子様は朝勉強をしていますか？　YES ・ NO
Q2．月ごとにお小遣いをあげていますか？　YES ・ NO
Q3．ペットを飼っていますか？　YES ・ NO

親子のエピソード大募集!
※ペンネームの記載がない場合は実名を掲載させていただきます。
（ペンネーム　）

テーマ1　息子・娘にさせている工夫された勉強法

テーマ2　呆れてしまった息子・娘の言動

テーマ3　親子ゲンカになった原因

サクセス12の感想

FAX.03-5950-4912 FAX番号をお間違えのないようお確かめください

中学受験　サクセス12　11・12月号 2011
発行／2011年10月31日 初版第一刷発行　発行所／（株）グローバル教育出版 〒101-0047 東京都千代田区内神田2-4-2　編集／サクセス編集室 電話03-5939-7928 FAX03-5939-6014

9784903577609

1926037008002

ISBN978-4-903577-60-9

C6037 ¥800E

グローバル教育出版

定価＝本体800円+税